Mediumnidad para principiantes

Una guía esencial para el desarrollo psíquico, la clarividencia, la adivinación y la canalización en el chamanismo, el espiritismo y el vudú

© Copyright 2024

Todos los derechos reservados. Ninguna parte de este libro puede ser reproducida de ninguna forma sin el permiso escrito del autor. Los revisores pueden citar breves pasajes en las reseñas.

Descargo de responsabilidad: Ninguna parte de esta publicación puede ser reproducida o transmitida de ninguna forma o por ningún medio, mecánico o electrónico, incluyendo fotocopias o grabaciones, o por ningún sistema de almacenamiento y recuperación de información, o transmitida por correo electrónico sin permiso escrito del editor.

Si bien se ha hecho todo lo posible por verificar la información proporcionada en esta publicación, ni el autor ni el editor asumen responsabilidad alguna por los errores, omisiones o interpretaciones contrarias al tema aquí tratado.

Este libro es solo para fines de entretenimiento. Las opiniones expresadas son únicamente las del autor y no deben tomarse como instrucciones u órdenes de expertos. El lector es responsable de sus propias acciones.

La adhesión a todas las leyes y regulaciones aplicables, incluyendo las leyes internacionales, federales, estatales y locales que rigen la concesión de licencias profesionales, las prácticas comerciales, la publicidad y todos los demás aspectos de la realización de negocios en los EE. UU., Canadá, Reino Unido o cualquier otra jurisdicción es responsabilidad exclusiva del comprador o del lector.

Ni el autor ni el editor asumen responsabilidad alguna en nombre del comprador o lector de estos materiales. Cualquier desaire percibido de cualquier individuo u organización es puramente involuntario.

Su regalo gratuito

¡Gracias por descargar este libro! Si desea aprender más acerca de varios temas de espiritualidad, entonces únase a la comunidad de Mari Silva y obtenga el MP3 de meditación guiada para despertar su tercer ojo. Este MP3 de meditación guiada está diseñado para abrir y fortalecer el tercer ojo para que pueda experimentar un estado superior de conciencia.

https://livetolearn.lpages.co/mari-silva-third-eye-meditation-mp3-spanish/

Tabla de Contenidos

INTRODUCCIÓN 1
CAPÍTULO 1: LA VÍA DEL MÉDIUM 3
CAPÍTULO 2: SU CUERPO ASTRAL Y EL MUNDO DE LOS ESPÍRITUS 13
CAPÍTULO 3: TOMA DE TIERRA Y PREPARACIÓN 23
CAPÍTULO 4: CÓMO RECONOCER LA ENERGÍA 33
CAPÍTULO 5: DESARROLLAR LA CLARIVIDENCIA Y OTROS CLARINES 42
CAPÍTULO 6: CANALIZACIÓN DE ESPÍRITUS 101 52
CAPÍTULO 7: CANALICE A SUS GUÍAS ESPIRITUALES 62
CAPÍTULO 8: LIMPIEZA Y PROTECCIÓN DE SÍ MISMO 71
CAPÍTULO 9: EL PODER DE LA ADIVINACIÓN 81
CAPÍTULO 10: MÉTODOS AVANZADOS DE COMUNICACIÓN CON EL MUNDO DE LOS ESPÍRITUS 90
CONCLUSIÓN 98
VEA MÁS LIBROS ESCRITOS POR MARI SILVA 100
SU REGALO GRATUITO 101
REFERENCIAS 102

Introducción

¿Desea desarrollar sus habilidades como médium? ¿Siente curiosidad por el mundo de los espíritus y por cómo puede comunicarse con ellos? Si es así, esta guía le enseñará todo lo que necesita saber sobre la comunicación con el mundo de los espíritus.

Desarrollar sus habilidades como médium puede ser una experiencia gratificante y que le cambiará la vida. También puede ser un poco desalentador, sobre todo si acaba de empezar. Esta guía le facilitará la entrada en el mundo de la mediumnidad y le proporcionará toda la información y los recursos que necesita para empezar. En primer lugar, debe comprender que todo el mundo puede comunicarse con los espíritus. Todos nacimos con esta capacidad, pero para muchos de nosotros está latente. La buena noticia es que puede despertarse. Hay muchas formas diferentes de desarrollar sus habilidades de médium. Mientras que algunas personas pueden comunicarse con los espíritus sin esfuerzo, otras deben esforzarse más para desarrollar esta habilidad innata.

Una de las mejores formas de desarrollar sus habilidades de mediumnidad es encontrar un mentor. Un mentor es alguien que ya ha desarrollado sus habilidades de mediumnidad y que puede ayudarle a guiarle en su viaje. Un buen mentor podrá enseñarle cómo conectarse a tierra y protegerse, cómo reconocer la energía y cómo desarrollar sus clarividencias. Otra forma estupenda de desarrollar sus habilidades como médium es estudiar. Hay muchos libros y recursos disponibles sobre el tema de la mediumnidad. Leer sobre diferentes técnicas y métodos le ayudará a desarrollar aun más sus habilidades. Muchos cursos en línea pueden enseñarle sobre la mediumnidad.

En "Mediumnidad para principiantes", aprenderá sobre los diferentes tipos de mediumnidad, cómo desarrollar sus habilidades como médium y cómo comunicarse con los espíritus. La primera sección de esta guía le presentará los aspectos básicos de la mediumnidad, incluyendo qué es y cómo funciona. También hablaremos de las diferentes formas de desarrollar sus habilidades como médium. En la segunda sección, exploraremos el mundo de los espíritus y le enseñaremos a comunicarse con ellos. También descubrirá cómo protegerse de la energía negativa y cómo limpiar y proteger su espacio. Por último, trataremos temas avanzados, como la adivinación y la canalización.

Para ayudarle a comenzar su viaje, hemos incluido capítulos que cubren los aspectos básicos de la mediumnidad, incluyendo cómo reconocer la energía, desarrollar sus clarividencias y escudriñar. También hemos incluido un capítulo sobre métodos avanzados de comunicación con los espíritus. Esperamos que disfrute de esta guía y que le ayude a desarrollar sus habilidades como médium. Tanto si acaba de iniciar su andadura como médium como si desea repasar sus habilidades, esta guía informativa le proporcionará todo lo que necesita saber sobre la comunicación con el mundo de los espíritus. Así que, ¡empecemos!

Capítulo 1: La vía del médium

¿Alguna vez se ha preguntado si es posible o no comunicarse con los muertos? Si es así, no está solo. A lo largo de la historia, el hombre ha intentado contactar con el mundo de los espíritus de diversas formas. Esta práctica se conoce como mediumnidad. Esta puede definirse como la capacidad de comunicarse con los muertos o los espíritus. Los médiums tienen esta capacidad y la utilizan para transmitir mensajes del mundo de los espíritus a los vivos.

La mediumnidad es la capacidad de comunicarse con los espíritus
https://www.pexels.com/photo/assorted-tarot-cards-on-table-3088369/

La mediumnidad ha existido desde los albores de los tiempos y ha adoptado muchas formas diferentes. En los primeros tiempos, la mediumnidad se asociaba a menudo con el chamanismo y la brujería. Sin embargo, con el paso del tiempo, comenzó a adoptar un enfoque más espiritualista. Este capítulo explorará la historia de la mediumnidad y los diferentes tipos que existen en la actualidad. También le presentará a algunos médiums auténticos que trabajan en el mundo moderno.

¿Qué es la mediumnidad?

La mediumnidad es la capacidad de comunicarse con los espíritus. Esto puede hacerse de varias maneras, incluso a través de medios auditivos o visuales. Todas las personas nacen con la capacidad natural de conectar con los muertos, mientras que algunas pueden necesitar desarrollar sus habilidades a través de la práctica y el estudio. Los médiums suelen utilizar sus habilidades para proporcionar consuelo y cierre a aquellos que han perdido a sus seres queridos. También pueden ser capaces de ofrecer una visión del futuro u orientación sobre decisiones importantes de la vida. Aunque algunas personas se muestran escépticas ante la mediumnidad, muchas creen que es un don real y valioso.

Por definición, un médium actúa como intermediario entre los vivos y los muertos. Los médiums pueden tender puentes entre nuestro mundo y el de los espíritus. Utilizan sus habilidades para comunicarse con los espíritus y transmitir mensajes a los vivos. Los médiums también pueden ser capaces de ver el futuro u ofrecer orientación sobre decisiones importantes de la vida. Con su ayuda, podemos conectar con nuestros seres queridos que han fallecido y recibir un cierre o consuelo.

Habilidades de un médium

La comunicación con los muertos se ha practicado desde la antigüedad. Para convertirse en médium, primero debe conocer las diferentes habilidades que se requieren para el trabajo. Una de las habilidades más esenciales es la de la clarividencia o visión clara. Esto permite a la médium ver más allá del mundo físico y dentro del reino de los espíritus. Otra habilidad es la clariaudiencia o audición clara. Esto permite al médium escuchar mensajes del otro lado que normalmente no son audibles para el oído humano. Además, los médiums suelen tener un fuerte sentido de la empatía, que les permite sentir las emociones de aquellos que han fallecido. Perfeccionando estas habilidades, cualquiera puede convertirse en médium y ayudar a conectar con los que han fallecido.

La mediumnidad ahora y en el pasado

En el pasado, los médiums solían trabajar como parte de una iglesia espiritista, celebrando sesiones de espiritismo y realizando lecturas para el público. Sin embargo, el uso de la mediumnidad comenzó a decaer a principios del siglo XX, a medida que la gente se volvía más escéptica con respecto a esta práctica. En los últimos años, sin embargo, la mediumnidad se considera más a menudo una práctica personal. Mucha gente utiliza la mediumnidad para conectar con seres queridos que han fallecido, y algunos incluso la utilizan para comunicarse con animales u otros seres. A medida que nuestro mundo se abra más a diferentes sistemas de creencias espirituales, es probable que la mediumnidad siga creciendo en popularidad. ¿Quién sabe qué tipo de conexiones asombrosas haremos en el futuro?

Historia

La mediumnidad es un tema que ha fascinado a la gente durante siglos. El inicio de la mediumnidad está rodeada de misterio, pero existen algunas teorías interesantes sobre sus orígenes. Una teoría sugiere que la mediumnidad se desarrolló como una forma de contactar con el mundo de los espíritus y obtener guía y sabiduría del más allá. Otros creen que es una habilidad humana natural que diversas culturas han aprovechado a lo largo de la historia. Independientemente de sus orígenes, la mediumnidad ha desempeñado un papel esencial en muchas culturas y sigue haciéndolo hoy en día. Gracias a la moderna tecnología de la comunicación, ahora cualquiera puede experimentar sus maravillas conectando con un médium psíquico de confianza.

Espiritismo

Durante el siglo XIX, el espiritismo se hizo popular en Estados Unidos y Europa. En su esencia, el espiritismo cree en la capacidad de comunicarse con los muertos, y muchas personas recurrieron a los médiums para recibir mensajes de seres queridos que habían fallecido. Además de proporcionar consuelo y cierre a las personas en duelo, el espiritismo también desempeñó un papel importante en el desarrollo de la mediumnidad.

A través de su trabajo con los espíritus, los médiums empezaron a desarrollar habilidades psíquicas elevadas, que luego utilizaban para ayudar a otros a conectar con el otro lado. A medida que la mediumnidad fue ganando aceptación, se convirtió en una forma legítima de comunicación, allanando el camino para futuras investigaciones psíquicas. Hoy en día, el espiritismo sigue siendo practicado por millones de personas en todo el mundo, y su impacto en la religión y la investigación psíquica aun puede sentirse.

Chamanismo

El chamanismo es un tipo de práctica espiritual basada en la creencia de que todo en el universo está conectado. Los chamanes son guías espirituales que curan a individuos y comunidades conectando con el mundo de los espíritus. Para ello, primero deben entrar en un estado de trance que les permite viajar a diferentes planos de existencia. Una vez que han establecido contacto con los espíritus, pueden transmitir mensajes y consejos que pueden ayudar a sanar a quienes lo necesiten.

El chamanismo es una práctica antigua que han utilizado las culturas indígenas de todo el mundo. Sin embargo, solo en los últimos años el chamanismo ha empezado a entrar en la corriente dominante. A medida que más personas se interesan por formas alternativas de curación, es probable que el chamanismo siga creciendo en popularidad. Si busca una conexión más profunda con el mundo espiritual, el chamanismo puede ser el camino para usted.

Vudú

El vudú es una religión originaria de Haití, pero desde entonces se ha extendido a otras partes del mundo, incluido Estados Unidos. Se basa en la creencia de que existe un mundo espiritual que puede interactuar con el nuestro. Los practicantes del vudú trabajan con estos espíritus, o loas, para lograr cambios positivos en sus vidas. También pueden recurrir a los espíritus en busca de guía y protección.

El vudú se asocia a menudo con la magia negra y oscura, pero esto no es realista. Es una religión que debe respetarse, como cualquier otra. Si está interesado en aprender más, hay muchos recursos disponibles. Solo recuerde acercarse a ella con una mente abierta y una actitud respetuosa. El vudú siempre ha sido un tema controvertido. Algunos dicen que es el lado oscuro de la mediumnidad, mientras que otros afirman que es simplemente otra forma de conectar con el mundo de los espíritus.

Tiempos modernos

Hoy en día, cualquiera puede experimentar la maravilla de la mediumnidad conectando con un médium psíquico de confianza. Hay muchas formas diferentes de hacerlo, incluyendo salas de chat en línea, lecturas telefónicas y sesiones en persona. No importa cómo elija conectarse, puede estar seguro de que recibirá información precisa y útil de su médium.

Si está interesado en conectar con un ser querido que ha fallecido o simplemente quiere entrar en contacto con su espiritualidad, la mediumnidad es una forma estupenda de hacerlo. Con la ayuda de un médium psíquico, puede explorar las profundidades de su alma y descubrir respuestas a las preguntas que han estado pesando en su mente.

Los diferentes tipos de mediumnidad

Existen diferentes tipos de mediumnidad, cada uno con su conjunto de habilidades único. Algunos médiums pueden ver y hablar con fantasmas, mientras que otros solo pueden comunicarse con ellos a través de la psicometría, que es la capacidad de leer objetos tocados por los difuntos. Otros médiums pueden canalizar a los muertos, permitiendo que los fantasmas posean sus cuerpos para hablar a través de ellos. Por último, algunos médiums pueden proyectarse astralmente, abandonando sus cuerpos y viajando al mundo de los espíritus. Cada tipo de mediumnidad tiene sus puntos fuertes y débiles, y depende de cada médium decidir qué tipo de comunicación es mejor para él.

1. La mediumnidad física

La mediumnidad física es una de las formas de mediumnidad más fascinantes y controvertidas. Los médiums físicos pueden materializar "seres espirituales" y producir otros fenómenos físicos, como la levitación y el teletransporte. Este tipo de actividad se asocia a menudo con las sesiones espiritistas y el espiritismo, y ha sido objeto de un intenso escrutinio científico. Algunos médiums físicos han sido expuestos como fraudes, mientras que otros han sido validados científicamente. Tanto si cree en lo paranormal como si no, la mediumnidad física sigue siendo uno de los fenómenos más intrigantes del mundo.

2. La mediumnidad mental

La mediumnidad mental es una capacidad psíquica en la que el médium recibe telepáticamente información del mundo de los espíritus. En otras palabras, el médium no utiliza ningún sentido físico para recibir la comunicación de los espíritus. En su lugar, la información se transmite a través de pensamientos y sentimientos. La mediumnidad mental es una habilidad relativamente rara, pero puede ser beneficiosa para la comunicación con los espíritus.

Uno de los beneficios de la mediumnidad mental es que permite al espíritu comunicarse directamente con el médium sin tener que utilizar un intermediario. Esto puede proporcionar una forma de comunicación más directa y personal que otros métodos, como utilizar una tabla ouija o hablar con un médium. Además, la mediumnidad mental no está limitada por la distancia como otras formas de comunicación. El médium puede recibir información de cualquier parte del mundo, independientemente de lo lejos que se encuentre. La mediumnidad mental es una herramienta poderosa para cualquier persona interesada en comunicarse con el mundo de los espíritus.

3. La mediumnidad espiritista

Los médiums espiritistas son excepcionalmente hábiles para conectar con los espíritus de aquellos que han fallecido. Esta habilidad les permite proporcionar consuelo y cierre a los afligidos mediante la entrega de mensajes de sus seres queridos que han cruzado al otro lado. La mediumnidad también puede utilizarse para comunicarse con los antepasados u otros guías que pueden ofrecer sabiduría y orientación. Aunque algunas personas se muestren escépticas, un creciente número de pruebas sugiere que se trata de un fenómeno real y poderoso.

4. La mediumnidad en trance

La mediumnidad en trance es un tipo de mediumnidad en la que el médium entra en un estado de trance para entrar en comunión con el mundo de los espíritus. El estado de trance se caracteriza por un estado alterado de conciencia, durante el cual el médium se vuelve inconsciente de su entorno y, en su lugar, se centra por completo en la comunicación con los espíritus.

Mientras está en trance, el médium puede mostrar comportamientos extraños, como hablar en lenguas o experimentar convulsiones. Sin embargo, estos comportamientos no se consideran bajo el control del médium. En su lugar, se consideran una manifestación de la presencia del espíritu. La mediumnidad en trance se considera una de las formas más potentes y auténticas, ya que permite una conexión directa con el mundo de los espíritus.

5. Canalización

La canalización es uno de los métodos de mediumnidad más conocidos, y consiste en recibir mensajes de guías espirituales u otros seres no físicos. El canalizador entra en un estado de trance y la entidad habla a través de él, utilizando sus cuerdas vocales para comunicarse. Muchas personas que canalizan dicen sentir que están canalizando energía en lugar de palabras reales, y la experiencia puede ser a la vez poderosa y transformadora. La canalización puede utilizarse como guía, curación o simplemente para recibir mensajes de seres queridos que han fallecido. Aunque convertirse en canalizador no siempre es fácil, cualquiera puede aprender a hacerlo con práctica y paciencia.

6. Escritura automática

La escritura automática es un tipo de canalización en la que el médium entra en un estado de trance y permite que los espíritus le dicten mensajes a través de la mano. Esto puede hacerse con un bolígrafo y papel o incluso utilizando un teclado. Muchas personas que practican la escritura automática afirman que pueden recibir mensajes claros y concisos del otro lado, lo que puede reconfortar a los dolientes. La escritura automática también puede utilizarse con fines adivinatorios, ya que los mensajes recibidos pueden ofrecer una visión de los acontecimientos futuros.

Aunque cualquiera puede probar suerte con la escritura automática, se dice que quienes están dotados por naturaleza para la canalización tienen más probabilidades de éxito. Supongamos que está interesado en intentarlo. En ese caso, la mejor forma de empezar es sentarse en un lugar tranquilo con un bolígrafo y papel (o su ordenador portátil) y simplemente dejar que su mano se mueva por la página o sus dedos por el teclado. Puede que le lleve algo de práctica coger el ritmo, pero con el tiempo, debería ser capaz de recibir mensajes de sus seres queridos fallecidos.

7. Voz directa

Un tipo de mediumnidad es la llamada voz directa. Un médium de voz directa canaliza la voz de un ser querido fallecido, ya sea en persona o por teléfono. El ejemplo más famoso de médium de voz directa es Doris Stokes, que hablaba con los muertos a través de su programa de televisión en los años setenta y ochenta. La gente llamaba y ella les transmitía mensajes de sus familiares fallecidos.

A veces, las voces hablaban a través de ella directamente, y otras veces lo hacían a través de un espíritu incorpóreo que ella veía en la sala. La mediumnidad de voz directa se considera una de las formas más precisas de mediumnidad porque elimina cualquier posibilidad de fraude. Si una médium está canalizando realmente la voz de un ser querido fallecido, no hay forma de que pueda fingirla.

8. ITC

Un tipo de mediumnidad menos conocido se conoce como ITC o transcomunicación instrumental. Se refiere a la comunicación entre nuestro mundo y otros reinos a través de la tecnología. Los médiums ITC utilizan herramientas como radios, ordenadores e incluso televisores para recibir mensajes del más allá. Aunque muchas personas se muestran escépticas ante este tipo de mediumnidad, algunos casos bien documentados sugieren que es real. Por ejemplo, en la década de 1970, un equipo de investigadores de Suiza grabó voces de los muertos utilizando un magnetófono. En años más recientes, los médiums ITC han utilizado teléfonos móviles y medios sociales para comunicarse con el otro lado. Tanto si cree en las TIC como si no, se trata de un fenómeno apasionante que merece la pena explorar.

9. Fenómeno de voz electrónica

El fenómeno de la voz electrónica, o EVP, es un tipo de mediumnidad que implica la comunicación desde el más allá a través de dispositivos electrónicos. Esto puede incluir radios, televisores, contestadores automáticos e incluso teléfonos móviles. Las voces que se escuchan durante el EVP suelen ser débiles y difíciles de entender, pero en ocasiones pueden ser claras y distintas. Mucha gente cree que la PVE es una forma que tienen los muertos de llegar a los vivos. Existen innumerables historias de personas que han recibido mensajes de seres queridos ya fallecidos. Aunque no hay pruebas científicas que respalden esta afirmación, la PVE sigue siendo un fenómeno popular, con miles de personas en todo el mundo que informan de experiencias con ella.

10. La mediumnidad evidencial

La mediumnidad evidencial es un tipo de mediumnidad que se centra en proporcionar pruebas de vida después de la muerte. Durante una lectura de mediumnidad evidencial, el médium intentará proporcionar información específica sobre el espíritu que se comunica, como su nombre, su relación con la persona sentada y lo que quiere decir. El objetivo de la mediumnidad evidencial es proporcionar consuelo y cierre a la persona sentada demostrando que existe vida después de la muerte. Si busca un médium especializado en este tipo de lectura, pregunte por sus credenciales y experiencia.

Médiums reales en nuestro mundo moderno

Mucha gente hoy en día está interesada en encontrar un médium auténtico, especialmente en el mundo moderno, donde hay tanto escepticismo sobre cualquier cosa que caiga fuera del ámbito de la ciencia. Algunos utilizan cartas del Tarot o bolas de cristal, mientras que otros simplemente entran en trance y permiten que los espíritus hablen a través de ellos. Algunos afirman ser capaces de canalizar mensajes de los muertos, lo que significa que pueden recibir mensajes de ultratumba.

Aunque puede resultar difícil saber si una médium está realmente dotada o no, hay ciertos signos que debe buscar. Por lo general, un buen médium tendrá algún tipo de información sobre la persona con la que se comunica que no podría haber conocido de otro modo. También deberían ser capaces de proporcionar detalles específicos sobre el fallecido, que otros puedan verificar. Si cree que puede haber encontrado una médium de verdad, siempre es mejor obtener una segunda opinión de alguien con experiencia en este campo.

Pruebas científicas

En los últimos años, ha aumentado el número de personas que afirman poder contactar con los muertos, y existen pruebas científicas de que esto es realmente posible. Un estudio realizado por la Universidad de Arizona demostró que las personas que hablaban con una médium podían describir con precisión detalles sobre sus seres queridos fallecidos, incluso cuando no tenían conocimiento previo de esos detalles. Este estudio proporciona pruebas contundentes de la existencia de los médiums y de su capacidad para comunicarse con el otro lado.

Hoy en día, existe mucho escepticismo en torno a la idea de los médiums. Sin embargo, también hay pruebas científicas de que existen y pueden comunicarse con los muertos. Esta prueba debería bastar para convencer incluso a la persona más escéptica de que los médiums son auténticos y de que pueden proporcionarnos información valiosa sobre nuestros seres queridos que han fallecido.

La mediumnidad es una práctica centenaria que ha sido utilizada por personas de todo el mundo para comunicarse con sus seres queridos perdidos. Existen muchos tipos diferentes de mediumnidad, y cada uno tiene su forma única de proporcionar pruebas de la vida después de la muerte. Aunque todavía hay mucho escepticismo en torno a este tema, la creciente cantidad de pruebas científicas de que los médiums son reales debería bastar para convencer incluso a la persona más escéptica.

Con la ayuda de una médium real, podemos obtener un cierre y consuelo al recibir mensajes de nuestros seres queridos que han fallecido. Se trata de una experiencia inestimable que puede ayudarnos a sanar tras la pérdida de un ser querido. Si está interesado en encontrar una médium real, pregunte por sus credenciales y experiencia. Con la ayuda de un médium dotado, puede obtener el cierre y la paz mental que necesita.

Capítulo 2: Su cuerpo astral y el mundo de los espíritus

Si usted es como la mayoría de la gente, probablemente se haya preguntado qué nos ocurre después de morir. ¿En qué se convierte nuestro espíritu? ¿Existe una vida después de la muerte? Y si es así, ¿cómo es? Estas son algunas de las preguntas que los médiums tratan de responder. La mediumnidad es la práctica de comunicarse con los espíritus de aquellos que han fallecido. Para ello, los médiums deben comprender primero qué es el espíritu y cómo es la vida después de la muerte.

El cuerpo sutil es un campo de energía que rodea e impregna el cuerpo físico
https://www.pexels.com/photo/white-moon-on-hands-3278643/

Según muchos sistemas de creencias, el espíritu es una parte inmortal de cada uno de nosotros que sigue viviendo después de que muera el cuerpo físico. La otra vida se ve a menudo como un lugar donde podemos reunirnos con nuestros seres queridos y disfrutar de la felicidad eterna. Aunque es mucho lo que aun desconocemos sobre la vida después de la muerte, los médiums pueden proporcionarnos valiosos conocimientos sobre este misterio a través de su capacidad única para comunicarse con los espíritus de quienes nos han precedido.

Este capítulo explorará la naturaleza del espíritu y la vida después de la muerte según la mediumnidad. Comenzaremos examinando el cuerpo sutil, que a menudo se considera la sede del alma. Después exploraremos el cuerpo astral, que se cree que es el vehículo que transporta nuestro espíritu después de la muerte. A continuación, examinaremos cómo perciben el alma los distintos sistemas de creencias. Por último, examinaremos más de cerca la vida después de la muerte y cómo los médiums pueden ayudarnos a comprender este misterio.

El cuerpo sutil

La mayoría de la gente está familiarizada con el cuerpo físico, pero son menos los que conocen el cuerpo sutil. El cuerpo sutil es un campo de energía que rodea e impregna el cuerpo físico. Está formado por los nadis, o canales de energía, a través de los cuales fluye el prana, o fuerza vital. El cuerpo sutil también contiene los chakras, o centros de energía, por los que circula el prana.

El cuerpo sutil se considera a menudo la sede del alma. Es un cuerpo no físico que se cree que penetra y se extiende más allá del cuerpo físico. El cuerpo sutil está compuesto por los cuerpos etérico, emocional, mental y astral. Se cree que estos cuerpos interactúan constantemente entre sí y con el cuerpo físico.

El cuerpo etérico es el más denso de los cuerpos sutiles y está más cerca del cuerpo físico; es el responsable de nuestra salud física y vitalidad. El cuerpo emocional está compuesto por nuestros sentimientos y emociones; está en constante flujo, cambiando a medida que cambian nuestras emociones. El cuerpo mental está compuesto por nuestros pensamientos y creencias; es el puente entre los cuerpos físico y astral.

La mediumnidad es la capacidad de percibir y trabajar con el cuerpo sutil. Las personas sensibles pueden ver el aura, o campo energético, que rodea a otra persona. También pueden sentir el flujo de prana en los nadis y los chakras. Al alinear sus energías con las de otra persona, pueden crear un puente entre los cuerpos físico y sutil. Esto les permite percibir y transmitir mensajes de un nivel de conciencia a otro. Los médiums también pueden utilizar sus habilidades para sanar desequilibrios en el cuerpo sutil. Al eliminar los bloqueos y restablecer el flujo de prana, pueden promover el bienestar físico, emocional y espiritual.

El cuerpo astral

Según la creencia de la mediumnidad, el alma abandona el cuerpo físico y entra en un cuerpo astral cuando las personas mueren. Este cuerpo astral está formado por energía sutil que vibra a una frecuencia más alta que el mundo físico. Con este cuerpo astral, podemos viajar a diferentes reinos y dimensiones. También existen diferentes niveles de vibración dentro del mundo astral, lo que puede explicar las diferentes experiencias de las personas mientras se encuentran en este estado. Por ejemplo, algunas personas solo pueden ver colores, mientras que otras pueden ver paisajes detallados.

El cuerpo astral es el más ligero y etéreo de los cuerpos sutiles. Se cree que es nuestro cuerpo espiritual y el vehículo que transporta nuestro espíritu después de la muerte. En algunos sistemas de creencias, el cuerpo astral también se conoce como el cuerpo del alma. Cuando morimos, el cuerpo astral deja atrás el cuerpo físico y entra en la otra vida. El cuerpo astral suele verse como un reflejo de nuestro verdadero yo. Es la parte de nosotros que es eterna e inmutable independientemente del nivel de vibración; se dice que el mundo astral es un lugar de paz y amor. También se cree que podemos comunicarnos con nuestros seres queridos que han pasado al mundo astral. Así que la próxima vez que se pregunte qué ocurre después de morir, recuerde que quizá estemos entrando en otro reino en el que podemos explorar y descubrir más sobre nosotros mismos y el universo que nos rodea.

La conexión entre el cuerpo astral y el espíritu

Nuestro cuerpo astral es nuestro cuerpo etéreo; es el vehículo de nuestra alma y alberga nuestra conciencia. El cuerpo astral está conectado al cuerpo físico por un cordón de plata. Este cordón nos permite regresar a nuestro cuerpo físico después de morir. El cuerpo astral también puede viajar fuera del cuerpo físico durante el sueño o en una experiencia extracorpórea. Algunas personas creen que el cuerpo astral es nuestro verdadero yo y que el cuerpo físico es solo una cáscara.

Nuestro cuerpo astral contiene nuestros recuerdos, pensamientos y sentimientos. Está formado por nuestra energía espiritual. La dimensión astral es una vibración más elevada que la dimensión física. Nuestro cuerpo astral vibra a una frecuencia más alta que nuestro cuerpo físico. Por eso podemos viajar a diferentes planos de existencia e interactuar con otros seres en estos planos. Nuestro espíritu es la parte de nosotros que es eterna. Es lo que somos. Nuestro espíritu habita en nuestro cuerpo astral. Es lo que permanece después de que morimos y nuestros cuerpos físicos se degradan de nuevo en la tierra. Nuestro espíritu sigue viviendo en el reino espiritual.

Cómo ven el alma las distintas prácticas

Aunque el alma es un concepto difícil de definir, es un principio central de muchas tradiciones religiosas y espirituales. Para algunos, el alma es una esencia inmortal que trasciende el cuerpo físico, mientras que otros creen que está íntimamente ligada a nuestra existencia material. Esto varía de una tradición a otra y hay muchas formas diferentes de entender el alma.

En el cristianismo, el alma suele considerarse inmortal y separada del cuerpo. Esto significa que cuando alguien muere, su alma va al cielo o al infierno, dependiendo de si ha sido bueno o malo durante su vida. Por el contrario, algunas filosofías orientales consideran que el alma está íntimamente relacionada con el cuerpo.

Budismo: El alma está interconectada con todas las cosas

El budismo cree que renacemos después de la muerte en cuerpos diferentes y que nuestra conciencia crece y se desarrolla con el tiempo. En esta tradición, el alma no se considera separada del cuerpo, sino en constante cambio y evolución. Como puede ver, existen muchas formas distintas de entender el alma, y estas creencias diferentes pueden dar lugar a prácticas muy distintas.

Hinduismo: El alma es inmanente

En el hinduismo, el alma se considera inmanente, lo que significa que está íntimamente ligada al cuerpo físico. Esto no significa que el alma sea lo mismo que el cuerpo, sino que forma parte de él. El alma se considera una parte esencial de nuestro ser; sin ella, no podríamos funcionar.

Se cree que el alma renace en diferentes cuerpos después de la muerte. Este ciclo de nacimiento y muerte se conoce como samsara. El hinduismo cree que el alma está atrapada en el samsara debido a sus deseos y apegos. La única forma de liberarse de este ciclo es alcanzar la liberación o moksha. Moksha es un estado de completa libertad del ciclo del nacimiento y la muerte.

Espiritismo

Para los espiritualistas, el alma es la parte inmaterial del ser humano que sobrevive después de la muerte. Esta creencia se basa en la idea de que la vida es algo más que un cuerpo físico y en la creencia de que todos estamos conectados a un poder superior. Aunque las pruebas científicas no pueden confirmar la existencia del alma, muchas personas encuentran consuelo en la idea de que sus seres queridos siguen con ellos de algún modo después de haber fallecido.

Para los espiritistas, el alma no está ligada a ninguna religión o sistema de creencias en particular. En su lugar, es una fuerza universal que conecta a todos los seres vivos. Esto significa que todo el mundo tiene el potencial de conectar con el alma, independientemente de sus creencias. El alma se considera una fuente de sabiduría y guía, que nos proporciona un camino a seguir en la vida. En última instancia, los espiritualistas creen que el alma es lo que nos hace verdaderamente humanos y que es nuestra conexión con lo divino.

Chamanismo

El chamanismo es una antigua práctica espiritual que han practicado durante siglos las culturas indígenas de todo el mundo. En su esencia, el chamanismo es una forma de conectar con la naturaleza y el mundo espiritual para promover la curación y el equilibrio. Los chamanes creen que todo en el universo está conectado y que los desequilibrios en el mundo natural pueden provocar enfermedades y desarmonía. Una de las formas en que los chamanes tratan de restablecer el equilibrio es trabajando con el alma.

Según la creencia chamánica, el alma consta de tres partes: el alma superior, el alma inferior y el alma media. El alma superior es responsable de nuestra conexión espiritual con lo divino, mientras que el alma inferior es responsable de nuestras necesidades y deseos físicos. El alma media actúa como puente entre las dos, ayudándonos a encontrar la armonía y el equilibrio en nuestras vidas. Los chamanes creen que cuando una de estas partes del alma se desconecta o desequilibra, puede provocar problemas físicos o psicológicos. Al trabajar con el alma, los chamanes pueden ayudar a restablecer el equilibrio y la armonía, promoviendo el bienestar a todos los niveles.

Vudú

En muchas culturas, el alma se considera una entidad etérea que existe más allá del cuerpo físico. Para los practicantes de vudú, sin embargo, el alma es una fuerza muy real y tangible. Para ellos, el alma no es solo una esencia espiritual, sino también física. Esta creencia se basa en la idea de que el alma está compuesta por dos partes: el ti bon ange y el gros bon ange.

El ti bon ange es el "pequeño ángel bueno" que reside en el interior de cada persona. Es responsable de nuestros pensamientos y emociones, y es lo que nos da nuestra individualidad. El gros bon ange, por otro lado, es el "gran ángel bueno" que reside en el mundo espiritual. Es responsable de nuestro destino, y es lo que nos permite conectar con lo divino. Juntas, estas dos partes del alma conforman todo nuestro ser.

Vida después de la muerte

El concepto de una vida después de la muerte ha sido un tema de discusión y debate durante siglos. Algunas personas creen que hay vida después de la muerte, mientras que otras sostienen que la muerte es el final. No hay pruebas claras en ninguno de los dos sentidos, y en gran medida se reduce a la creencia personal. Muchas religiones tienen sus propias creencias sobre lo que ocurre después de la muerte. Los cristianos creen en el cielo y el infierno, mientras que los budistas creen en la reencarnación. No hay una respuesta correcta o incorrecta, que en última instancia se reduce a las creencias de cada individuo. Al fin y al cabo, todos tenemos que morir en algún momento, así que tiene sentido pensar en lo que ocurre después. Independientemente de lo que cada uno crea, el concepto de una vida después de la muerte seguirá siendo una fuente de fascinación durante siglos.

¿Qué es la vida después de la muerte?

La idea de una vida después de la muerte ha sido una fuente de consuelo y esperanza para la gente a lo largo de la historia. En muchas culturas, la creencia en alguna forma de vida después de la muerte ocupa un lugar central en las enseñanzas religiosas. Para quienes se adhieren a estas creencias, el más allá suele verse como un lugar de recompensa o castigo, en función de sus acciones durante esta vida. Aunque los detalles pueden diferir, la idea general es que el alma sobrevive a la muerte del cuerpo y pasa a otro reino.

El aspecto de ese reino es objeto de especulación, pero a menudo se describe como un entorno paradisíaco o infernal. Algunos creen que existe la reencarnación, mientras que otros sostienen que simplemente hay un final de la conciencia. Sea cual sea el caso, la creencia en una vida después de la muerte proporciona consuelo a muchos ante la muerte.

¿Qué les ocurre a los espíritus cuando morimos?

Existen muchas creencias diferentes sobre lo que les ocurre a los espíritus cuando morimos, pero en lo único que todos pueden estar de acuerdo es en que la muerte es un misterio. Algunos creen que los espíritus van a un lugar tranquilo donde pueden descansar y velar por sus seres queridos. Otros creen que los espíritus se reencarnan y vuelven como personas o animales diferentes. Y aun, otros creen que los espíritus simplemente dejan de existir después de la muerte. Aunque quizá nunca sepamos con certeza qué les ocurre a los espíritus cuando morimos, es reconfortante saber que existen muchas creencias diferentes sobre la vida después de la muerte. Sean cuales sean sus creencias, recuerde que la muerte es una parte natural de la vida y no hay por qué tenerle miedo. Por el contrario, acéptela como parte del ciclo de la vida y la muerte.

La vida después de la muerte en el espiritismo

Los espiritistas creen que el alma sigue viva tras la muerte del cuerpo físico y que es posible la comunicación con los muertos. Los defensores de este sistema de creencias suelen celebrar sesiones de espiritismo o utilizar otras formas de adivinación para conectar con los seres queridos fallecidos. Aunque algunos pueden considerar el espiritismo como una forma de estafar a personas desprevenidas, muchos creen que es una forma legítima de conectar con el otro lado. Después de todo, si tenemos almas que viven después de la muerte, es lógico que quieran comunicarse con nosotros. Tanto si cree en el espiritismo como si no, es una forma interesante de pensar en la vida después de la muerte.

La vida después de la muerte en el chamanismo

En el chamanismo, la vida después de la muerte se ve a menudo como un viaje a través de diferentes reinos. Se cree que el alma viaja al inframundo, enfrentándose a desafíos y transformándose. Tras completar estas pruebas, el alma renace en el mundo espiritual y se le otorga una nueva vida. Se cree que este ciclo de muerte y renacimiento continúa hasta que el alma alcanza un estado de iluminación. Algunos chamanes también creen que es posible comunicarse con los muertos y a menudo utilizan los estados de trance para contactar con los espíritus del mundo espiritual. Al comprender la vida después de la muerte, los chamanes pueden ayudar a sus clientes a hacer las paces con la muerte y prepararse para su viaje espiritual.

La vida después de la muerte en la cultura vudú

En la cultura vudú existe una fuerte creencia en la vida después de la muerte. Esta creencia está arraigada en la idea de que el alma es inmortal y que seguirá existiendo incluso después de que el cuerpo haya muerto. Se considera que el alma está encerrada en el cuerpo y que solo cuando este muere puede ser liberada. Una vez liberada, el alma pasa a vivir en otro reino conocido como el mundo espiritual. En este mundo, el alma se reunirá con sus antepasados y podrá disfrutar de la felicidad eterna. El concepto de reencarnación también desempeña un papel en las creencias vudú sobre el más allá. Se cree que el alma puede renacer en otro cuerpo y que este proceso continuará hasta que el alma haya alcanzado la perfección. Por ello, la muerte no se ve como un final, sino como un nuevo comienzo.

Asomarse al más allá

La mayoría de la gente siente al menos cierta curiosidad por lo que ocurre después de que morimos. Es natural preguntarse por lo gran desconocido. Por desgracia, no hay forma de saber con certeza lo que nos ocurre después de morir. Pero eso no impide que la gente especule. Para muchas personas, la idea de asomarse al más allá es a la vez intrigante y aterradora. Es una parte esencial de la experiencia humana y nos ayuda a apreciar aun más la vida.

Mucha gente cree que la vida después de la muerte es un misterio. Sin embargo, algunos afirman que es posible asomarse al más allá para encontrar respuestas. Los médiums a menudo son capaces de comunicarse con los muertos y es posible que puedan proporcionar información sobre lo que ocurre después de la muerte. Aunque es imposible saber con seguridad lo que ocurre después de morir, hablar con un médium puede darle cierta tranquilidad sobre lo que le espera. Si siente curiosidad por la vida después de la muerte, considere la posibilidad de hablar con una médium. Puede que ellos tengan las respuestas que busca.

La idea de la mediumnidad -comunicarse con los muertos- existe desde hace siglos. En los últimos años, sin embargo, se ha convertido en algo mucho más común, gracias en parte a programas como "Medium" y "*The Long Island Medium*". Aunque algunas personas siguen mostrándose escépticas sobre la validez de la mediumnidad, muchas han tenido experiencias de primera mano con el más allá a través de los mensajes transmitidos por los médiums.

Para quienes han perdido a seres queridos, la mediumnidad puede proporcionarles un cierre muy necesario. Puede resultar difícil aceptar el hecho de que alguien ya no esté físicamente presente en nuestras vidas. Sin embargo, un mensaje de ultratumba puede ayudar a aliviar el dolor de la pérdida y proporcionar el consuelo de que nuestros seres queridos siguen con nosotros, aunque no podamos verlos.

Además de proporcionar consuelo, la mediumnidad puede ofrecer una visión de la vida después de la muerte. ¿Qué nos ocurre después de morir? Es una pregunta que ha intrigado durante mucho tiempo a personas de todos los credos. Aunque existen muchas creencias diferentes sobre lo que nos ocurre después de la muerte, los médiums que se han comunicado con los muertos suelen relatar experiencias similares. Esto sugiere que puede haber algo de verdad en lo que dicen.

Tanto si cree en la mediumnidad como si no, es imposible negar que ha tenido un profundo impacto en la vida de muchas personas. Para aquellos que han sufrido una pérdida, puede proporcionar un cierre muy necesario. Para los que sienten curiosidad por el más allá, puede ofrecer una visión de lo que puede haber más allá de esta vida. Tanto si es escéptico como creyente, la mediumnidad es algo que merece la pena explorar.

El cuerpo astral es una parte del alma humana que se cree capaz de viajar fuera del cuerpo físico. Está conectado con el mundo de los espíritus y se dice que es la fuente de nuestros sueños e intuición. Los médiums son personas que pueden comunicarse con los muertos y pueden proporcionar información sobre el más allá. La idea de la mediumnidad existe desde hace siglos, pero se ha generalizado mucho más en los últimos años.

Para aquellos que han perdido a sus seres queridos, la mediumnidad puede proporcionarles un cierre muy necesario. También puede ofrecer una visión de la vida después de la muerte a aquellos que sienten curiosidad por lo que nos ocurre una vez que morimos. Tanto si cree en la mediumnidad como si no, es algo que merece la pena explorar. Hablar con una médium puede darle tranquilidad sobre lo que le espera. Si siente curiosidad por la vida después de la muerte, considere la posibilidad de hablar con una médium. Puede que ellos tengan las respuestas que busca.

Capítulo 3: Toma de tierra y preparación

Si alguna vez se ha interesado por la mediumnidad, sabrá que no es tan sencillo como hablar con fantasmas. Se requiere mucha preparación y trabajo, tanto por parte del médium como de la persona que busca comunicarse con un ser querido que ha fallecido. Sin una base y una preparación adecuadas, es demasiado fácil quedar atrapado en el mundo espiritual sin ser capaz de controlar la situación o protegerse de las entidades negativas.

Cuando se trata de la mediumnidad, la conexión a tierra y la preparación son extremadamente esenciales

https://www.pexels.com/photo/woman-in-white-shirt-holding-orange-and-white-lollipop-6943953/

En este capítulo, hablaremos de la importancia de la conexión a tierra y la preparación para la mediumnidad. También hablaremos de algunos ejercicios de conexión a tierra sencillos pero eficaces que puede realizar para empezar. Nos centraremos en el lado de la médium. Aun así, muchos de estos consejos pueden aplicarse a cualquiera que busque mejorar su conexión con el "más allá". También hablaremos de formas de preparar su mente para que sea más receptivo a los mensajes del otro lado.

La importancia de la conexión a tierra y la preparación

La mediumnidad es una habilidad que se ha practicado durante siglos y que solo recientemente ha empezado a ser aceptada por la corriente dominante. A pesar de su creciente popularidad, la mediumnidad sigue rodeada de misterio. Muchas personas no están seguras de cómo prepararse para las lecturas o de qué esperar. Una de las cosas más cruciales que hay que recordar es que la mediumnidad es una comunicación bidireccional.

El médium actúa como un conducto entre el mundo físico y el espiritual. Aun así, es el espíritu el que decide si quiere comunicarse o no. Por eso es tan esencial prepararse adecuadamente antes de las lecturas. Enraizarse le ayudará a sentirse más anclado y conectado, facilitando que los espíritus lleguen a usted. Y tomarse un tiempo para relajarse y despejar la mente le facilitará la recepción de mensajes del otro lado.

Cuando se trata de la mediumnidad, el anclaje y la preparación son extremadamente esenciales. He aquí algunas razones:

1. Le ayuda a mantenerse centrado

Como médium, es vital estar bien conectado a tierra y preparado antes de comenzar las lecturas. Enraizarse le ayudará a sentirse más conectado con el mundo físico y evitará que se sienta abrumado por la energía espiritual. Existen muchas formas diferentes de conectarse a tierra. Sin embargo, algunos métodos comunes incluyen visualizar raíces que crecen desde sus pies hacia la tierra o sostener un trozo de cuarzo en la mano. Una vez que se sienta firmemente enraizado, puede empezar a prepararse para su lectura. Esto puede implicar establecer una intención, visualizar una burbuja protectora a su alrededor o llamar a sus guías espirituales. Tomarse el tiempo necesario para enraizarse y prepararse antes de comenzar una lectura le ayudará a mantenerse centrado y en sintonía con los mensajes que reciba.

2. Aumenta sus posibilidades de establecer contacto

Enraizarse le ayudará a sentirse más centrado, lo que le facilitará enfocar su mente y conectar con las energías del mundo espiritual. La preparación también es importante, ya que ayuda a despejar su mente de cualquier pensamiento o emoción negativa que pudiera bloquear su conexión. Cuando está bien preparado, tiene más probabilidades de contactar con el espíritu con el que busca comunicarse. A ellos les resulta más fácil llegar hasta usted y a usted más fácil recibir sus mensajes. Si se toma el tiempo necesario para conectarse a tierra y prepararse antes de una sesión, aumentará sus posibilidades de establecer contacto con el mundo de los espíritus y de recibir mensajes precisos.

3. Mejora su conexión

En lo que respecta a la mediumnidad, la conexión a tierra y la preparación son fundamentales para establecer una fuerte conexión con el mundo de los espíritus. Tomarse el tiempo necesario para conectarse a tierra antes de comenzar las lecturas le ayudará a despejar su mente y a concentrar su energía. Esto le permitirá ser más receptivo a los mensajes que el espíritu intenta comunicarle. Del mismo modo, prepararse para las lecturas fijando una intención y creando un espacio sagrado también puede ayudarle a conectar más profundamente con sus guías y seres queridos que ya no están. Si se toma el tiempo necesario para crear una base sólida, se asegurará de sacar el máximo partido a su lectura de médiums.

4. Le mantiene a salvo de entidades negativas

Como médium, estar bien cimentado y preparado antes de empezar a trabajar le protegerá de cualquier entidad negativa que pueda intentar adherirse a usted. Hay algunas cosas sencillas que puede hacer para asegurarse de que está a salvo antes de comenzar las lecturas. En primer lugar, establezca la intención de que solo pueda llegar lo positivo y el bien más elevado. Esto mantendrá alejada cualquier energía inferior que intente adherirse a usted. En segundo lugar, invoque a sus guías espirituales y pídales que le rodeen y le protejan. También puede imaginar que una luz blanca le rodea, creando una barrera protectora contra cualquier energía negativa.

Rece siempre una oración o medite antes de empezar a trabajar. Esto le ayudará a elevar sus niveles de vibración y le mantendrá en un estado mental positivo. Llevar ropa protectora, como una bata blanca o un colgante, creará una barrera entre usted y cualquier energía negativa. Por último, trabaje siempre en un espacio limpio y desordenado. Esto le ayudará a crear un entorno tranquilo y seguro para trabajar. Estos sencillos consejos pueden mantenerle a salvo de entidades negativas cuando trabaje como médium.

5. Le ayuda a gestionar su energía

Enraizarse antes de comenzar las lecturas le ayudará a gestionar su energía y evitará que se sienta abrumado por el mundo espiritual. Cuando esté correctamente conectado a tierra, podrá trabajar más eficazmente como médium y evitar el agotamiento. Recuerde que no tiene que estar siempre disponible para el mundo espiritual. Puede tomarse descansos cuando lo necesite y volver a sus lecturas cuando se sienta más centrado.

Ejercicios de conexión a tierra

La conexión a tierra para médiums es una técnica utilizada para ayudar a los médiums a conectar con el mundo de los espíritus sin dejar de estar conectados a tierra en el mundo físico. El objetivo es crear un puente entre los dos mundos para que la comunicación pueda fluir libremente. Existen muchas formas diferentes de conectarse a tierra. Sin embargo, algunos de los métodos más comunes incluyen la visualización, la meditación y el trabajo energético.

Cuando se hace correctamente, la conexión a tierra puede ayudar a prevenir la sobrecarga psíquica y promover una comunicación clara y precisa con los espíritus. No todos los médiums son iguales, por lo que encontrar el método de conexión a tierra que mejor funcione para usted es crucial. Con la práctica, podrá lograr una conexión más profunda con el mundo de los espíritus sin dejar de estar plenamente presente en el mundo físico.

1. El método del árbol

Muchas personas que se inician en la mediumnidad desconocen las diferentes formas de conexión a tierra. Una forma fácil de conectarse a tierra es imaginar raíces que crecen desde la planta de sus pies, anclándole a la tierra. Otro método consiste en imaginarse a sí mismo como un árbol, con los pies firmemente enraizados en el suelo y los brazos extendidos hacia el cielo. Este ejercicio puede realizarse en cualquier lugar y solo le llevará unos minutos. Es una forma estupenda de centrarse antes de empezar las lecturas y también puede utilizarse para liberar el exceso de energía después de una sesión. Inténtelo la próxima vez que se sienta disperso o sin conexión a tierra.

2. El método del globo

Existen varios ejercicios diferentes que puede realizar para ayudarle a practicar la conexión a tierra. Uno de estos ejercicios se conoce como el método del globo. Para probarlo, siéntese cómodamente y respire profundamente unas cuantas veces. A continuación, imagine que sostiene un globo en la mano. Una vez que tenga una imagen clara del globo, ínflelo mentalmente hasta que tenga aproximadamente el tamaño de un pomelo. Mientras lo hace, repita mentalmente las palabras: "Estoy ampliando mis capacidades de médium". Una vez inflado el globo, visualícelo flotando en el aire y luego estallando. Mientras lo hace, sienta cómo se expanden sus capacidades de médium. Este ejercicio puede realizarse tan a menudo como desee y, con la práctica, descubrirá que se vuelve más fácil y eficaz. Quién sabe... con la suficiente práctica, ¡puede que sea capaz de hacer estallar ese globo sin ni siquiera utilizar las manos!

3. El método de la piedra

Otra forma sencilla de enraizarse es con una piedra. Empiece por encontrar una piedra que le resulte cómoda de sostener. Puede ser de cualquier tamaño o forma, y debe ser lisa para que sea fácil de sostener. Una vez que tenga su piedra, siéntese en una posición cómoda y cierre los ojos. Respire profundamente unas cuantas veces y concéntrese en la sensación de la piedra en su mano. Imagine que de la piedra salen raíces que le anclan a la tierra. Visualice que las raíces se adentran en la tierra, se extienden hacia fuera y le sujetan firmemente.

A medida que se concentre en las raíces, debería sentir que se enraíza y se hace más presente en el mundo físico. Si empieza a sentirse mareado o aturdido, abra los ojos y respire profundamente unas cuantas veces hasta que se sienta mejor. Una vez que esté conectado a tierra, puede dejar la piedra y continuar con su día. Los ejercicios de conexión a tierra como este pueden ayudarle a protegerse de las energías negativas y evitar que se sienta abrumado durante una lectura.

4. El método de la toma de tierra

Si alguna vez se ha sentido desconectado, distanciado o "no del todo", podría ser que no esté correctamente conectado a tierra. Para remediarlo, pruebe el método de la toma de tierra. Siéntese o póngase de pie con los pies firmemente plantados en el suelo, e imagine raíces que crecen desde las plantas de sus pies hasta lo más profundo de la tierra que hay debajo. Visualice que estas raíces le anclan al planeta y concéntrese en la sensación de estar sólidamente conectado. Debería sentirse más presente y centrado al cabo de unos minutos. Si no tiene tiempo para hacer un ejercicio completo de enraizamiento, simplemente respire profundamente unas cuantas veces y visualice sus pies enraizados al suelo. Esto le ayudará a centrarse y a enraizarse para que pueda comprometerse plenamente con el mundo que le rodea.

5. El método de visualización

Uno de los métodos más eficaces para enraizarse es el método de visualización. Para realizar este ejercicio, busque un lugar cómodo para sentarse o tumbarse. Cierre los ojos y respire profundamente unas cuantas veces. Visualice que le rodea una luz blanca brillante. Esta luz es limpiadora y purificadora, y le rodea de protección.

Mientras inspira, imagine que está tomando la energía de la tierra. Continúe respirando profundamente y visualice la energía entrando en su cuerpo y llenándole. Debería sentirse más enraizado y conectado a la tierra con cada respiración. Sienta cómo la energía de la tierra entra en su cuerpo y le llena de fuerza y estabilidad. Abra los ojos y continúe con sus lecturas cuando se sienta bien enraizado.

Formas de preparar su mente

Si está interesado en desarrollar sus habilidades como médium, necesita preparar su mente. Es una buena idea mantener la mente abierta y estar abierto a la posibilidad de recibir mensajes del más allá. Sin embargo, también es crucial que sea consciente de sus pensamientos y emociones. Estas emociones negativas le bloquearán la recepción de mensajes si se siente dubitativo, asustado o ansioso. Encontrar un equilibrio entre tener la mente abierta y mantener pensamientos positivos es esencial. Hay algunas cosas que puede hacer para preparar su mente para una lectura:

1. Meditación

Suponga que está interesado en desarrollar sus habilidades como médium. En ese caso, una de las mejores cosas que puede hacer es aprender a meditar. Puede ayudarle a aquietar su mente y abrir su conciencia, facilitando la recepción de impresiones psíquicas del mundo de los espíritus. Hay muchas formas diferentes de meditar, así que experimente hasta encontrar un método que le funcione.

Algunas personas prefieren sentarse o tumbarse en un lugar tranquilo, centrándose en su respiración y dejando que sus pensamientos vayan y vengan sin juzgarlos. Otros prefieren centrarse en un mantra o visualizar una luz blanca que les rodea. No hay una forma correcta o incorrecta de meditar. Encuentre una práctica que le ayude a relajarse y a abrir su mente. La meditación regular puede ayudarle a desarrollar sus habilidades como médium y a fortalecer su conexión con el mundo espiritual.

2. Visualización

La visualización es una de las mejores formas de preparar su mente para la mediumnidad. Es el proceso de crear imágenes mentales en su mente para lograr un objetivo específico. Cuando visualiza, utiliza su imaginación para crear una imagen de lo que desea que suceda. Por ejemplo, si desea comunicarse con un ser querido que ha fallecido, visualizará a los dos hablando y compartiendo recuerdos. Cuanto más realista y detallada sea la imagen, mejor.

El objetivo es crear una imagen clara en su mente para que, cuando entre en la mediumnidad, pueda ver y oír a su ser querido con mayor claridad. La visualización tiene muchos otros beneficios, como reducir el estrés y aumentar su bienestar general. Si es nuevo en la visualización, empiece practicándola a diario durante unos minutos. A medida que se sienta más cómodo con la práctica, podrá aumentar el tiempo que dedica a visualizar.

3. Afirmaciones

Si está interesado en desarrollar sus habilidades como médium, puede hacer algunas cosas para preparar su mente. Una de las más importantes es practicar las afirmaciones. Esto implica repetir afirmaciones positivas sobre su capacidad para conectar con el otro lado. Por ejemplo, podría decir: "Soy una médium dotada que puede comunicarse con los que han fallecido". Repitiendo regularmente estas afirmaciones, empezará a aumentar la confianza en sí mismo y en sus capacidades. Esto hará que le resulte más fácil relajarse y abrirse al mundo de los espíritus.

Además de las afirmaciones, otra forma útil de preparar su mente para la mediumnidad es meditar mientras afirma pensamientos positivos. Esto le ayudará a aquietar sus pensamientos y alcanzar un estado de paz interior. Cuando pueda aquietar su mente, le resultará más fácil recibir mensajes del otro lado. Tenga la mente abierta y sea receptivo a la posibilidad de comunicarse con los espíritus. Si se acerca a la mediumnidad con escepticismo o duda, será más difícil recibir mensajes claros. Seguir estos sencillos consejos puede prepararle para el éxito como médium.

4. Orar

Rezar es una de las cosas más cruciales que puede hacer para preparar su mente para la mediumnidad. La oración aquieta la mente y despeja cualquier pensamiento que le distraiga. También ayuda a abrir el corazón, haciéndolo más receptivo a la comunicación de los Espíritus. Cuando rece, imagínese rodeado de luz. Imagínese la luz expandiéndose hasta llenar todo su ser. Sienta que la luz le infunde paz, amor y fuerza. Suelte todos sus miedos y dudas, y permítase llenarse de la luz del Espíritu. A medida que lo haga, le resultará más fácil aquietar su mente y abrir su corazón a la comunicación del otro lado.

5. Conectar con la naturaleza

Conectar con la naturaleza es una de las formas más eficaces de entrar en la mentalidad adecuada. Pase tiempo rodeado de plantas y árboles, y contemple la belleza del mundo natural. Esto le ayudará a aquietar su mente y a centrar sus pensamientos. También puede intentar meditar o hacer algunos ejercicios de respiración profunda. Estas actividades le ayudarán a aquietar su mente y le permitirán recibir orientación del otro lado. Recuerde, la clave es relajarse y permitirse estar abierto a la experiencia. Con un poco de práctica, se sorprenderá de lo que es capaz de lograr.

6. Mantener una mente abierta

Cuando prepare su mente para la mediumnidad, es vital tener una perspectiva abierta. A lo largo de la historia, muchas personas se han mostrado escépticas ante la mediumnidad y la capacidad de comunicarse con los muertos. Sin embargo, recuerde que la mediumnidad es una capacidad natural que todos poseemos. Al igual que podemos utilizar nuestros cinco sentidos para interactuar con el mundo físico, también podemos utilizar nuestro sexto sentido para interactuar con el mundo espiritual. Con una mente abierta, podrá recibir más fácilmente mensajes de sus seres queridos que han fallecido. Además, también será más receptivo a los mensajes de su guía espiritual. Mantenga una mente abierta y estará bien encaminado para convertirse en un médium de éxito.

7. Confiar en su intuición

Para preparar su mente para la experiencia, aprenda a confiar en su intuición. La intuición es nuestro sistema de guía interior y suele ser el primer paso para recibir información psíquica. Para desarrollarla, es crucial aquietar la mente y ponerse en contacto con sus sentimientos. La meditación puede ser una herramienta útil para ello, pero dedicar simplemente un tiempo al día a concentrarse en la respiración también puede ser útil. También es esencial que preste atención a los mensajes que recibe de su cuerpo. A menudo, nuestro cuerpo nos da información sobre las personas y las situaciones antes de que lo haga nuestra mente. Si aprende a confiar en su intuición, se abrirá a un nuevo mundo de experiencias psíquicas.

8. Yoga

Probablemente haya oído hablar del yoga antes, pero ¿sabía que también puede utilizarse para preparar su mente para la mediumnidad? Se trata de una práctica ancestral que implica disciplinas físicas, mentales y espirituales. El aspecto físico del yoga implica estirar y fortalecer el cuerpo. En cambio, los aspectos mentales y espirituales implican el trabajo de la respiración y la meditación. Al centrarse en la respiración y despejar la mente de cualquier otro pensamiento, el yoga puede ayudar a aquietar la mente y crear una sensación de paz interior. Este estado mental es ideal para la mediumnidad, ya que facilita la conexión con el mundo espiritual. Además, también puede ayudar a desarrollar habilidades psíquicas y a expandir su conciencia. Así que si busca una forma de preparar su mente para la mediumnidad, el yoga puede ser la opción perfecta para usted.

Cuando se dedique a la mediumnidad, es fundamental estar bien conectado a tierra y tener la mente concentrada en la tarea que tiene entre manos. Enraizarse le ayudará a protegerse de las influencias externas y a despejar su mente de cualquier pensamiento o distracción no deseados. Puede enraizarse visualizando raíces que crecen desde sus pies y le anclan a la tierra. Una vez enraizado, prepare su mente para la sesión. Esto puede hacerse mediante meditación o ejercicios de visualización. También es fundamental que se tome un tiempo para conectar con la naturaleza. Dedique unos minutos a concentrarse en su respiración y a disfrutar de la paz y la belleza de su entorno. Si sigue estos pasos, recibirá mensajes precisos durante su sesión y podrá concentrarse mejor.

Capítulo 4: Cómo reconocer la energía

¿Alguna vez ha entrado en una habitación y ha sentido una conexión o desconexión instantánea con las personas que había en ella? ¿Alguna vez ha sido capaz de percibir la energía de una persona o un lugar con solo estar cerca de ellos? Si es así, puede que ya haya experimentado el acto de sentir la energía.

Los médiums pueden abrirse a ver y comunicarse con el mundo de los espíritus
https://www.pexels.com/photo/woman-doing-a-card-reading-8770834/

En la mediumnidad, reconocer y comprender la energía que le rodea puede ser extremadamente útil a la hora de discernir la diferencia entre un ser querido fallecido y una entidad de baja vibración. También puede ayudarle a comprender los mensajes que recibe. La energía de una persona o un lugar puede decirle mucho sobre lo que está pensando o sintiendo en un momento dado.

Hay muchas formas diferentes de percibir la energía. Algunas personas están más naturalmente sintonizadas para sentir la energía que otras, pero con un poco de práctica, cualquiera puede aprender a hacerlo. Este capítulo le enseñará a visualizar y sentir la energía por sí mismo y con los demás. También le proporcionará algunos ejercicios que puede practicar para desarrollar su capacidad de sentir la energía.

Cómo visualizar y sentir la energía

Visualizar y sentir la energía son dos habilidades importantes para cualquier persona interesada en la mediumnidad. A través de la visualización, los médiums pueden abrirse a ver y comunicarse con el mundo de los espíritus. Al sentir la energía, los médiums pueden interpretar las emociones y los pensamientos de los espíritus. Estas habilidades requieren práctica y concentración, pero pueden desarrollarse con tiempo y paciencia. Percibir la energía es una habilidad que requiere tiempo y práctica para desarrollarse. Cuanto más practique, mejor se le dará. He aquí algunos consejos que le ayudarán a desarrollar su capacidad para visualizar y sentir la energía:

1. Relájese y abra su mente

La capacidad de ver y sentir la energía es una habilidad que cualquiera puede aprender. Sin embargo, desarrollar esta capacidad requiere cierta práctica. El primer paso es relajarse y despejar la mente. Es crucial estar en un estado de relajación para sentir la energía. Una vez relajado, empiece a centrarse en su respiración. Respire lenta y profundamente y permita que su mente se calme y se aquiete. Una vez que haya alcanzado un estado de paz interior, empiece a visualizar la energía. Véala arremolinándose a su alrededor, llenando el espacio con su luz brillante. Sienta cómo la energía fluye por su cuerpo, energizándole y revitalizándole. Con la práctica, desarrollará la capacidad de percibir la energía con mayor claridad. Con el tiempo, será capaz de ver y sentir la energía a su alrededor, en cualquier momento y en cualquier lugar.

2. Busque un cambio en su entorno

Una forma de saber si hay un cambio energético en su entorno es observar si el espacio que le rodea se siente diferente. Por ejemplo, si entra en una habitación que se siente pesada o densa, puede que haya energía negativa. Por el contrario, si un espacio se siente ligero y aireado, puede deberse a que la energía es positiva. Otra forma de percibir la energía es centrarse en su cuerpo. Si de repente se siente tenso o incómodo, puede deberse a que hay energía negativa cerca. Por otro lado, si se siente relajado y a gusto, puede deberse a que la energía de su entorno es positiva.

3. Preste atención a sus sensaciones físicas

Una forma de sintonizar mejor con la energía es prestar atención a sus sensaciones físicas. Por ejemplo, podría notar que se siente más ligero cuando está en presencia de energía positiva y más pesado o constreñido cuando está cerca de energía negativa. También podría notar cambios en su respiración, ritmo cardíaco o sensación de hormigueo. Estas son solo algunas de las formas en que su cuerpo puede responder a los diferentes tipos de energía. Prestando atención a sus sensaciones físicas, puede empezar a hacerse una idea de los diferentes tipos de energía que le rodean.

4. Observe cómo se siente emocional y mentalmente

Puede que no vea la energía, pero sin duda puede sentirla. La energía está en todas partes y nos afecta tanto de forma sutil como profunda. Aprender a visualizar y sentir la energía puede ayudarnos a comprender nuestras propias emociones y estado mental, así como las energías de los demás. Cuando prestamos atención a cómo nos sentimos emocional y mentalmente, podemos empezar a hacernos una idea de la energía que nos rodea. Preste atención a sus emociones y pensamientos. Si se siente enfadado o ansioso sin motivo, podría deberse a un desequilibrio energético. Sin embargo, si se siente feliz y en paz, puede deberse a que la energía que le rodea le apoya. Si presta atención a estas señales, podrá hacerse una mejor idea de la energía de su entorno.

6. Confíe en su intuición

La energía está a nuestro alrededor, pero puede resultar difícil percibirla y visualizarla. Algunas personas parecen tener una capacidad natural para ver y sentir la energía, mientras que a otras les resulta más difícil. Sin embargo, hay algunas cosas que puede hacer para ayudarse a sintonizar mejor con la energía que le rodea. Una de las cosas más esenciales es confiar en su intuición. Si tiene un presentimiento o ve algo en el ojo de su mente, no se cuestione, déjese llevar. También es útil pasar tiempo en la naturaleza, donde puede sentir cómo fluye la energía a su alrededor. Y por último, no tenga miedo de experimentar. Hay muchas formas diferentes de sentir y ver la energía, así que pruebe distintas técnicas hasta que encuentre una que funcione. Con un poco de práctica, se sorprenderá de lo fácil que es conectar con el mundo de energía que nos rodea a todos.

7. Practique, practique, practique

Aprender a visualizar y sentir la energía es una habilidad que requiere tiempo y práctica para desarrollarse. El primer paso consiste simplemente en tomar conciencia de la energía que le rodea. Empiece centrándose en los objetos de su entorno y observe la energía que emiten. Una vez que esté más en sintonía con la energía que le rodea, puede experimentar con formas de manipularla. Por ejemplo, pruebe a mantener las manos separadas unos centímetros y concéntrese en el flujo de energía entre ellas. Siga practicando hasta que desarrolle un sentido más fuerte del funcionamiento de la energía y de cómo puede utilizarla para mejorar su salud y bienestar.

Ejercicios para sentir su propia energía

La energía está a nuestro alrededor. Está en el aire que respiramos, los alimentos que comemos y el agua que bebemos. También está en las personas con las que interactuamos y en los lugares que visitamos. Nuestros cuerpos están hechos de energía, y nuestros pensamientos y emociones también son formas de energía. Interactuamos constantemente con la energía, seamos o no conscientes de ello. Una forma de ser más consciente de ello es aprender a sentir su campo energético. Esto puede hacerse a través de varios métodos, como la meditación, la visualización y la respiración. Si se toma el tiempo necesario para sentir su energía, podrá sintonizar mejor con la energía que le rodea. Hacerlo puede enseñarle a gestionarla mejor y a crear una vida más positiva y equilibrada. He aquí algunos ejercicios que le ayudarán a empezar:

1. El ejercicio de la bola de luz

Puede aprender a sentir su energía, aunque no pueda verla. Una forma de hacerlo es mediante el ejercicio de la "bola de luz". En primer lugar, busque un lugar cómodo para sentarse o tumbarse. Cierre los ojos y respire profundamente unas cuantas veces. A continuación, imagine una bola de luz dentro de su pecho. Puede ser del color o tamaño que usted elija. Dedique unos minutos a concentrarse en la bola de luz y preste atención a cualquier sensación que sienta en su cuerpo. Puede que sienta calor, hormigueo o pulsaciones. Cuanto más se concentre en la bola de luz, más intensas serán estas sensaciones. Con la práctica, podrá sentir su energía cada vez con más claridad.

2. El ejercicio de la cuerda

Todos somos seres empáticos, capaces de sentir la energía de quienes nos rodean. Y aunque es una habilidad que puede resultar útil en muchas situaciones, también puede ser abrumadora si no estamos acostumbrados a ella. Una forma de empezar a aprender a controlar su capacidad para sentir la energía es haciendo el ejercicio de la cuerda.

El ejercicio de la cuerda es sencillo. Busque un compañero y colóquense uno frente al otro, separados por una distancia aproximada de un brazo. Túrnense sujetando un extremo de la cuerda mientras su compañero sujeta el otro. A continuación, intente comunicar su energía a su pareja a través de la cuerda sin hablar. Concéntrese en enviar energía de calma o felicidad, y vea si pueden recibirla. ¡Puede que se sorprenda de lo bien que funciona! Con la práctica, podrá controlar mejor sus capacidades y utilizarlas de forma más útil en lugar de abrumadora.

3. El ejercicio de exploración

El ejercicio de exploración es una forma fácil de entrenarse para ser más consciente de su energía. Para empezar, busque un lugar cómodo para sentarse o tumbarse. Cierre los ojos y respire profundamente unas cuantas veces, dejando que su cuerpo se relaje. Una vez que se sienta tranquilo, centre su atención en la respiración. Inhale profundamente y luego exhale lentamente. Mientras respira, imagine que está aspirando energía del aire que le rodea. Esta energía llenará su cuerpo, infundiendo vitalidad a cada célula.

Una vez que se sienta lleno de energía, empiece a recorrer su cuerpo de la cabeza a los pies. Observe cómo se siente esta energía a medida que fluye a través de usted. Preste atención a cualquier zona en la que la energía se sienta especialmente fuerte o débil. Con la práctica, desarrollará una mayor sensibilidad al flujo de energía dentro de su propio cuerpo. Este ejercicio puede realizarse en cualquier lugar y en cualquier momento, lo que facilita el cultivo de su capacidad para sentir la energía. Al aprender a sentir su energía, estará en mejor posición para detectar y comprender la energía de los demás.

4. El ejercicio del rayo de luz

Todos somos seres energéticos e interactuamos constantemente con la energía que nos rodea. Al igual que sintonizamos diferentes canales en un televisor, podemos sintonizar diferentes frecuencias energéticas. Cuando sintonizamos una frecuencia alta, nos sentimos bien. Nos sentimos felices, alegres y a gusto. Cuando sintonizamos una frecuencia baja, nos sentimos mal. Nos sentimos enfadados, tristes y ansiosos. Aprender a percibir la energía puede ayudarnos a evitar a las personas y situaciones negativas y a atraer a nuestra vida más de lo que deseamos.

El ejercicio del rayo de luz es un método para practicar la percepción de la energía. En primer lugar, busque un lugar cómodo para sentarse o tumbarse. Cierre los ojos y respire profundamente unas cuantas veces. A continuación, imagine que un rayo de luz desciende del cielo y le golpea en el centro de la frente. La luz entrará en su cuerpo y le llenará de energía positiva. Mientras inspira, sienta cómo la luz se expande por todo su cuerpo. Llene todo su ser con la luz hasta que irradie energía positiva. Ahora abra los ojos y note cómo se siente. Debería sentirse más ligero, más luminoso y más en paz. Con la práctica, ¡podrá sentir la energía en cualquier lugar y en cualquier momento!

5. El ejercicio de la bola de cristal

Una de las mejores formas de ponerse en contacto con su energía es hacer el ejercicio de la bola de cristal. Este ejercicio es sencillo y solo le llevará unos minutos. Para empezar, siéntese cómodamente y sostenga una bola de cristal entre las manos. Cierre los ojos y respire profundamente unas cuantas veces. Imagine que su respiración llena de luz la bola de cristal a medida que respira. Una vez que la bola esté llena, imagínela emanando desde el centro y moviéndose hacia fuera en todas direcciones. Continúe respirando profundamente y concentrándose en la luz hasta que sienta que se tranquiliza y se relaja.

Ahora, imagine que está mirando dentro de la bola de cristal y que esta le muestra imágenes de su energía. Observe el color, la forma y el movimiento de la energía en la bola. Dedique unos minutos a observar su energía antes de abrir los ojos. Cuando haya terminado, respire profundamente unas cuantas veces y escriba lo que ha visto en la bola de cristal. Este ejercicio es una forma estupenda de entrar en contacto con su energía y aprender más sobre cómo afecta a su vida cotidiana.

6. El ejercicio de conexión a tierra

Debemos aprender a sentir y conectar con nuestra energía para llevar una vida sana y feliz. El ejercicio de conexión a tierra es una forma de ayudarle a mejorar su concentración. Para empezar, busque un lugar cómodo para sentarse o estar de pie. Cierre los ojos y respire profundamente unas cuantas veces. Al inhalar, imagine que desde sus pies crecen raíces que se adentran en la tierra. Con cada exhalación, siéntase más enraizado y arraigado.

Permítase hundirse profundamente en la tierra. Imagine su energía subiendo a través de sus raíces y entrando en su cuerpo. Inhale esta energía nutritiva y deje que le llene. Cuando esté preparado, abra los ojos y tómese unos minutos para notar cómo se siente. Debería sentirse más conectado a la tierra y más centrado en sí mismo. Con la práctica, podrá acceder a esta sensación en cualquier momento y lugar.

7. El ejercicio de centrado

La mayoría de las personas no son conscientes de la energía que desprenden. Transcurrimos nuestros días sin percibir el efecto que tenemos en los que nos rodean. Sin embargo, esta energía es muy real y puede aprovecharse para crear resultados positivos en nuestras vidas. Puede ponerse en contacto con su energía haciendo el ejercicio de centrarse. Empiece cerrando los ojos y respirando profundamente unas cuantas veces. A continuación, concéntrese en sus manos e imagine que de ellas emana una luz blanca. Esta luz representa su energía.

Ahora, lleve las manos lentamente hacia el pecho e imagine que la luz entra en el espacio de su corazón. Al hacerlo, debería sentir que le invade una sensación de calma y relajación. Continúe respirando profundamente y concentrándose en la luz hasta que se sienta totalmente centrado. Este ejercicio puede realizarse en cualquier momento que necesite conectar con su energía y centrarse.

Percibir la energía de los demás

Muchos expertos creen que todos estamos conectados por un campo de energía invisible. A menudo se hace referencia a este campo como el "aura". Algunas personas pueden ver el aura, mientras que otras pueden sentirla. Percibir el aura de los demás se denomina a veces "percepción áurica". Hay muchas formas diferentes de sentir la energía de otra persona. Para algunas personas, puede ser una sensación física, como calor u hormigueo en el cuerpo. Otras pueden tener una sensación mental o emocional de la energía de la persona. Y algunas personas pueden ver colores o formas alrededor de la persona.

Si cree que puede sentir la energía de otras personas, puede hacer algunas cosas para desarrollar su capacidad. Con la práctica, puede que descubra que es capaz de sentir la energía de los demás con mayor claridad. ¿Y quién sabe? Puede que incluso descubra que tiene un talento oculto para la percepción áurica. He aquí algunas cosas que puede hacer para desarrollar su capacidad de sentir la energía de los demás:

1. El ejercicio del espejo

Todos andamos por ahí con nuestro campo energético o aura. Puede que no sea capaz de verla, pero puede sentirla. Cuando entra en una habitación, puede sentir la energía de las personas que le rodean. Algunas personas tienen una energía calmada y tranquilizadora, mientras que otras tienen una energía elevada, casi abrumadora. ¿Alguna vez ha entrado en una habitación y se ha sentido incómodo al instante? Eso se debe a que estaba captando la energía negativa de las personas que le rodeaban.

Afortunadamente, existe una forma de protegerse de la energía negativa e incluso de empezar a influir en la energía de las personas que le rodean. Se llama el ejercicio del espejo, y es una herramienta sencilla pero poderosa para percibir y gestionar la energía. El ejercicio es exactamente como suena: usted se coloca delante de un espejo e imagina que su aura se refleja en usted. Mientras mira su reflejo, imagine que su aura es fuerte y brillante. Visualice que su energía es tan fuerte que llena todo el espejo. Ahora, imagine que las personas que le rodean están reflejando su campo energético. Vea sus auras llenando el espacio que les rodea. Por último, imagine que su aura es tan poderosa que empieza a influir en la energía de las personas que le rodean, haciéndolas más tranquilas y positivas.

El ejercicio del espejo es una forma estupenda de entrar en contacto con su campo energético y empezar a manejar la energía de las personas que le rodean. Inténtelo la próxima vez que entre en una habitación llena de gente y vea cómo le hace sentir.

2. El ejercicio de empatía

Al estar más en sintonía con la energía que nos rodea, podemos aprender a proteger nuestra energía positiva y evitar que se agote. En eso consiste el ejercicio de empatía. El primer paso es encontrar un lugar tranquilo para relajarse y despejar la mente. Una vez que esté tranquilo, empiece a prestar atención a las personas que le rodean. Fíjese en cómo le hace sentir su energía. ¿Se siente feliz y animado, o se siente cansado y decaído?

Si empieza a sentirse negativo después de estar cerca de alguien, es una buena señal de que su energía le está afectando negativamente. En este caso, lo mejor es intentar evitarlos. Sin embargo, si se siente atraído por la energía positiva de alguien, entonces, por supuesto, ¡hable con él! Practicando este ejercicio, podrá sintonizar mejor con las energías que le rodean y aprender a proteger su energía positiva.

3. El ejercicio de cortar el cordón

La energía negativa puede ser contagiosa, pero también la positiva. La clave está en rodearse de personas que tengan energía positiva y evitar a las que le drenen. Ahí es donde entra en juego el ejercicio de cortar el cordón. Este ejercicio está diseñado para ayudarle a liberarse de la energía negativa de los demás para que pueda rodearse de gente positiva.

Para realizar el ejercicio de corte del cordón, imagine que le rodea una luz blanca brillante. Esta luz es su protección frente a la energía negativa. Ahora, imagine que está rodeado de personas que drenan su energía. Vea su energía negativa como cuerdas oscuras unidas a usted y que le drenan. Ahora, utilice su imaginación para cortar estas cuerdas. Vea las cuerdas siendo cortadas y cayendo lejos de usted. Al hacerlo, sentirá que su energía se desplaza y cambia. Se sentirá más ligero y positivo. Por último, imagine que está rodeado de personas que tienen energía positiva. Vea su luz brillante brillando a su alrededor. Su energía positiva le llena y le hace feliz y saludable.

El ejercicio de cortar el cordón umbilical es una forma estupenda de liberarse de la energía negativa de los demás y rodearse de gente positiva. Pruébelo y vea cómo le hace sentir.

Si aprende a sentir y gestionar la energía, podrá protegerse de la energía negativa e incluso empezar a influir en las personas que le rodean. Estos ejercicios son solo un punto de partida. Cuanto más practique, mejor sabrá gestionar su energía y la de los demás. Así que no tenga miedo de experimentar y ver qué funciona mejor para usted. Y recuerde, cuanta más energía positiva ponga en el mundo, ¡más recibirá a cambio!

Capítulo 5: Desarrollar la clarividencia y otros clarines

¿Alguna vez ha deseado poder ver el futuro? ¿Oír lo que alguien está pensando? ¿O simplemente saber cosas que antes no sabía? Si es así, puede que le interese desarrollar sus dotes de médium.

La clarividencia es la capacidad de ver espíritus
https://www.pexels.com/photo/hands-over-fortune-telling-crystal-ball-7179800/

La mediumnidad es la capacidad de comunicarse con los espíritus de aquellos que han fallecido; es una habilidad que cualquiera puede aprender. Existen diferentes formas de desarrollar sus habilidades de médium. Sin embargo, una de las más cruciales es aprender a utilizar su clarividencia, clariaudiencia, clarisentencia y claricognición. Este capítulo explorará lo que implica cada una de estas clarividencias y cómo puede desarrollarlas. Al final de este capítulo, ¡tendrá muchas herramientas y conocimientos para utilizar sus habilidades de médium en la vida cotidiana!

Los Cuatro Claris

Los Cuatro Claros son cuatro formas en las que podemos recibir información del reino espiritual. La clarividencia es la capacidad de ver espíritus, la clariaudiencia es la capacidad de oírlos, la clarisentencia es la capacidad de sentirlos o presentirlos y la claricognición es la capacidad de conocerlos y comprenderlos. Todos tenemos estas habilidades, pero algunos están más sintonizados con una o dos de ellas. Por ejemplo, usted puede ser un clarividente que ve imágenes o símbolos cuando medita o un clariaudiente que oye voces o música. O puede ser un clarividente que siente energía o emociones o un claricognitivo que simplemente sabe cosas. Todas estas son formas válidas de recibir información de los espíritus y no hay una forma correcta o incorrecta de hacerlo. Lo vital es estar abierto a cualquier forma de comunicación que le llegue. Exploremos más a fondo cada una de las cuatro clarividencias.

Clarividencia (Qué esperar cuando se es clarividente)

La clarividencia es la capacidad de ver más allá de los cinco sentidos físicos. Las personas clarividentes pueden ver colores y formas que representan personas, acontecimientos o mensajes del otro lado. La clarividencia se asocia a menudo con la capacidad psíquica, pero es importante señalar que no todos los psíquicos son clarividentes. Algunos clarividentes pueden tener también otras habilidades, como la clariaudiencia (audición clara) o la clarisentencia (sensación clara). Las personas clarividentes pueden ver imágenes en el ojo de su mente o pueden ver objetos físicos reales. Algunas personas afirman ver auras alrededor de las personas, mientras que otras dicen ver símbolos o destellos de luz. Esta capacidad puede ser útil en muchos ámbitos de la vida, desde la profesión hasta las relaciones. Hay muchos recursos disponibles para ayudarle a desarrollar y comprender su don si cree que puede ser clarividente. Lo más importante es confiar en su intuición y seguir a su corazón.

Cómo desarrollar la clarividencia

Todo el mundo tiene capacidades clarividentes, pero la mayoría de las personas no son conscientes de ellas o no saben cómo desarrollarlas. Hay muchas formas de desarrollar la clarividencia, pero lo más crucial es tener una mente abierta y estar dispuesto a explorar sus capacidades.

Una forma de desarrollar la clarividencia es a través de la intuición. La intuición es un conocimiento interior que procede de la mente subconsciente. Todos tenemos intuición, pero muchos de nosotros no la escuchamos. Para desarrollar su intuición, empiece por prestar atención a sus presentimientos. Si tiene un presentimiento sobre algo, tómese un tiempo para investigarlo más a fondo. Puede que le sorprenda lo que descubra.

Otra forma de desarrollar la clarividencia es a través de las sincronicidades. Las sincronicidades son coincidencias significativas que no pueden explicarse por la lógica o el azar. Suelen ocurrir cuando pensamos en alguien o en algo y de repente aparecen en nuestras vidas. Por ejemplo, puede que esté pensando en un amigo y luego se lo encuentre en el supermercado. Estas coincidencias son una señal de que el universo está intentando llamar nuestra atención. Présteles atención y vea adónde le llevan.

Por último, otra forma de desarrollar la clarividencia es a través de las visiones. Las visiones son atisbos del futuro que nos llegan en sueños o en la meditación. Para interpretar sus visiones, lleve un diario de sueños y anote cualquier sueño extraño o significativo que tenga. También puede probar la meditación o los ejercicios de visualización guiada. A medida que practique el acceso a sus capacidades psíquicas, verá con más claridad en el reino espiritual.

Consejos para mejorar la clarividencia

Si está interesado en mejorar sus capacidades clarividentes, puede hacer algunas cosas para acelerar el proceso.

- **Practique a diario:** Cuanto más practique el uso de sus habilidades, más fuertes se volverán. Dedique algún tiempo a practicar ejercicios de visualización o a trabajar con un médium psíquico cada día.

- **Obtenga una lectura:** Una lectura psíquica profesional puede darle una idea de sus habilidades y de aquello en lo que debería trabajar.
- **Únase a un Círculo de Desarrollo:** Muchos círculos o grupos de desarrollo se reúnen regularmente para ayudar a las personas a desarrollar sus habilidades. Es una forma estupenda de conocer a otras personas con ideas afines y aprender de psíquicos más experimentados.
- **Lleve un diario:** Llevar un diario es una forma estupenda de seguir sus progresos y documentar sus experiencias. Anote cualquier sueño, visión o sincronicidad que tenga.

Clariaudiencia (Qué esperar cuando se es clariaudiente)

La clariaudiencia es la capacidad de oír al espíritu. Esto puede manifestarse de muchas maneras, desde oír una voz interior que le guía hasta escuchar sonidos como música o risas. Incluso puede recibir mensajes del Espíritu a través de palabras o frases. La clariaudiencia suele ser una de las primeras habilidades psíquicas que se desarrollan, y es una habilidad que puede utilizarse de muchas formas diferentes. Por ejemplo, puede utilizar la clariaudiencia para comunicarse con sus Guías Espirituales y recibir de ellos orientación sobre el camino de su vida. También puede utilizar la clariaudiencia para conectar con seres queridos que han fallecido y recibir mensajes de ellos.

La clariaudiencia en la vida cotidiana

La clariaudiencia puede manifestarse de varias formas, desde oír los sonidos de la naturaleza hasta recibir mensajes del otro lado. A medida que desarrolle sus capacidades clariaudientes, es posible que empiece a notar que puede recordar más fácilmente sus sueños. También puede descubrir que se siente atraído por ciertos sonidos, como el del agua corriente o el canto de los pájaros. La clariaudiencia también puede utilizarse para sintonizar con su yo superior. Al escuchar la guía que viene de su interior, puede empezar a tomar decisiones que estén en consonancia con sus verdaderos deseos. Con la práctica, la clariaudiencia puede ser una herramienta poderosa para acceder a la sabiduría y la orientación interiores.

Cómo desarrollar la clariaudiencia

La clariaudiencia es la capacidad de oír voces y sonidos que no son audibles para el oído humano. Estos sonidos pueden proceder del mundo espiritual o de su yo superior. Supongamos que está interesado en desarrollar esta capacidad. En ese caso, puede hacer algunas cosas para abrirse a esa posibilidad. En primer lugar, es importante tener una mente abierta y ser receptivo a la idea de que puede ser capaz de oír cosas más allá del mundo físico. En segundo lugar, intente practicar con un amigo o médium que ya esté en sintonía con la clariaudiencia. Esto le ayudará a sentirse más cómodo con la experiencia.

Por último, pruebe la escritura automática. Esta técnica permite que su mano se mueva libremente por una hoja de papel sin pensar conscientemente en lo que está escribiendo. Puede que las palabras que aparezcan no tengan sentido de inmediato, pero con el tiempo, puede que empiece a ver patrones y mensajes destinados a usted. La clariaudiencia es una capacidad fascinante que puede ayudarle a conectar con el mundo invisible que le rodea. Puede que se sorprenda de lo que puede oír con un poco de práctica.

Consejos para mejorar la clariaudiencia

- **Meditación:** La meditación es una forma estupenda de aquietar la mente y abrirla a la posibilidad de oír al espíritu.
- **Relajación:** Esté relajado cuando intente desarrollar sus capacidades clariaudientes. Intente encontrar un lugar tranquilo donde no le interrumpan.
- **Visualización:** La visualización puede ser útil cuando esté intentando oír al espíritu. Imaginarse en un lugar tranquilo, rodeado de naturaleza, puede ayudarle a sintonizar con la frecuencia del espíritu.
- **Póngase en contacto con sus emociones:** Nuestras emociones están estrechamente vinculadas a nuestra capacidad para oír a los espíritus. Al entrar en contacto con sus sentimientos, puede empezar a sintonizar mejor con los mensajes que le llegan.
- **Visualice lo que desea oír:** Si busca orientación de sus Guías Espirituales, intente visualizar lo que le gustaría oír. Esto puede ayudar a abrir el canal de comunicación.

Clarisentencia (Qué esperar cuando se es clarisentiente)

Ser clarisentiente significa que experimenta impresiones psíquicas a través de sus sentimientos. En otras palabras, usted "sabe" cosas a un nivel visceral, aunque no pueda explicar cómo las sabe. La clarisentencia es una de las formas más comunes de capacidad psíquica y también una de las más fáciles de desarrollar. A medida que se abre a sus habilidades psíquicas, puede descubrir que sus sensaciones viscerales se vuelven más fuertes y precisas. Con la práctica, puede aprender a utilizar su clarividencia para guiarse en todos los ámbitos de su vida.

La clarisentencia en la vida cotidiana

Las personas con clarividencia suelen afirmar que tienen capacidades empáticas, lo que significa que pueden sentir las emociones de los demás. También pueden experimentar fuertes intuiciones o "sentimientos viscerales" sobre las personas y las situaciones. Además, los clarividentes suelen notar coincidencias significativas, o lo que se conoce como "sincronicidad". Aunque algunas personas pueden tachar estas experiencias de mera coincidencia, los clarividentes saben que están recibiendo orientación de una fuente superior. Pueden navegar por el mundo de forma más intuitiva sintonizando con sus sentimientos internos.

Cómo desarrollar la clarisentencia

La mayoría de la gente está familiarizada con los cinco sentidos, pero ¿sabía que existe un sexto sentido? Este sentido, conocido como clarisentencia, se refiere a la capacidad de recibir información de más allá del mundo físico. Aunque algunas personas nacen con esta capacidad, también es posible desarrollar la clarividencia a través de la práctica espiritual. He aquí tres formas de empezar:

Conectar con sus emociones: La clarividencia se describe a menudo como una capacidad "empática", lo que significa que quienes pueden acceder a este sentido están muy en sintonía con sus emociones. Si quiere desarrollar su clarividencia, empiece por dedicar tiempo a entrar en contacto con sus sentimientos. Fíjese en lo que le hace sentir bien y en lo que le hace sentir mal. Preste atención a su intuición y no tenga miedo de confiar en su instinto.

Aprenda a meditar: La meditación es una forma excelente de aquietar la mente y centrarse en el momento presente. Cuando medita, crea un espacio para la quietud y la claridad. A medida que se sienta más cómodo con la meditación, es posible que empiece a notar percepciones intuitivas que surgen del silencio. Estas intuiciones pueden ser una valiosa forma de guía del Yo Superior o de los Guías Espirituales.

Practicar la conexión a tierra y el centrado: Para recibir información psíquica, es importante estar enraizado y centrado. Esto significa que está presente en su cuerpo y es consciente de lo que le rodea. Puede enraizarse visualizando raíces que crecen desde sus pies y le anclan a la tierra. Para centrarse, concéntrese en su respiración y deje ir cualquier pensamiento o distracción. Con la práctica, mejorará a la hora de recibir información clara y precisa del reino espiritual.

Consejos para mejorar la clarisentencia

Si está interesado en desarrollar su clarisentencia, hay algunas cosas que puede hacer para facilitar el proceso:

- **Comprométase a explorar su capacidad psíquica con regularidad**: Cuanto más trabaje con su clarividencia, más fuerte se hará. Para ver resultados, es importante ser constante con su práctica. Reserve un tiempo cada día para centrarse en el desarrollo de su capacidad psíquica.

- **Esté abierto a todas las formas de comunicación**: La clarividencia suele describirse como una sensación visceral, pero también puede manifestarse de otras formas. Puede recibir información a través de sueños, símbolos o incluso sensaciones físicas. Preste atención a cómo recibe la información y manténgase abierto a todas las formas de comunicación del reino espiritual.

- **Practique el discernimiento entre sus pensamientos y la información psíquica:** Puede resultar complicado distinguir entre sus pensamientos y las impresiones psíquicas. Una buena forma de diferenciarlas es preguntarse si la información que está recibiendo está basada en el miedo o en el amor. Si la respuesta es miedo, es probable que la información proceda de su mente. Sin embargo, si la respuesta es amor, es más probable que la información proceda de una fuente superior.

- **Suelte las expectativas:** Cuando esté empezando, es importante que deje ir cualquier expectativa que tenga sobre el proceso. La capacidad psíquica es un sentido sutil y puede llevarle algún tiempo entrar en contacto con sus capacidades clarividentes. Sea paciente y confíe en que la información que necesita le será revelada a su debido tiempo.

Claricognición (Qué esperar cuando se es claricognitivo)

La claricognición es un tipo de percepción extrasensorial que se refiere a la capacidad de saber cosas sin conocimiento o comprensión previos. Esta capacidad se describe a menudo como un "sexto sentido" o una "corazonada", y puede utilizarse para obtener información sobre personas, lugares, acontecimientos u objetos. La claricognición difiere de otras formas de percepción extrasensorial, como la clarividencia y la clariaudiencia, en que no implica ver u oír cosas que normalmente no están al alcance de los sentidos. En su lugar, los individuos claricognitivos simplemente saben cosas que no podrían saber por medios normales.

Esta forma de percepción extrasensorial permite acceder a información no disponible a través de los cinco sentidos. También se conoce como "conocimiento claro" o "conocimiento interno". La clarividencia suele manifestarse como un fuerte conocimiento interior o una corazonada sobre algo. Es un sentido que va más allá de lo que se puede ver, oír, saborear, oler o tocar. Aunque no existen pruebas científicas que respalden la existencia de la clarividencia, muchas personas creen que esta capacidad es real y que puede aprovecharse para obtener información valiosa.

La claricognición en la vida cotidiana

La claricognición puede utilizarse de diversas formas en la vida cotidiana. Por ejemplo, podría recibir orientación divina a través de la claricognición. También podría utilizar su intuición para tomar decisiones basadas en su conocimiento interior. Las personas claricognitivas suelen convertirse en empresarios, agentes de bolsa y policías de éxito porque saben escuchar sus instintos y seguirlos.

La claricognición suele manifestarse como un "presentimiento" sobre alguien o algo. Usted simplemente sabe que algo es cierto, aunque no haya ninguna razón lógica para sentirse así. La clarividencia puede ser una herramienta muy útil en la vida cotidiana. Por ejemplo, puede utilizarla para

- **Tomar decisiones:** Si está intentando decidir si acepta o no un nuevo trabajo, por ejemplo, puede tener una sensación claricognitiva de si es o no la elección correcta para usted.
- **Obtenga orientación:** A muchas personas les gusta pedir consejo a su yo claricognitivo sobre decisiones importantes. Todo lo que tiene que hacer es centrarse en su pregunta y dejar que la respuesta venga a usted.
- **Sentir el peligro:** Si va caminando por un callejón oscuro y de repente tiene la fuerte sensación de que está en peligro, su clarividencia está intentando advertirle. Haga caso a su intuición y salga de allí.

La claricognición es solo una de las muchas habilidades psíquicas diferentes. Aun así, es una que todos podemos utilizar en nuestra vida cotidiana si aprendemos a escuchar a nuestra intuición.

Cómo desarrollar la claricognición

Si está interesado en desarrollar sus habilidades claricognitivas, hay varias cosas que puede hacer para alimentar este proceso. La meditación es una forma de calmar la mente y abrirse a la recepción de la guía interior. También puede practicar ejercicios de visualización y pedir señales al universo sobre una decisión concreta que esté tratando de tomar. Preste atención a sus sueños, ya que también pueden proporcionarle una guía útil. A medida que comience a confiar en su conocimiento interior, empezará a notar que la Claricognición se convierte en una parte más habitual de su vida. La clarividencia es un don poderoso que puede ayudarle a vivir una vida más intuitiva y plena.

Consejos para mejorar la claricognición

Si desea mejorar su Claricognición, hay algunas cosas que puede hacer:

- **Estar dispuesto a recibir:** Para que la Claricognición funcione, debe estar dispuesto a recibir información de su yo superior. Si no está abierto a la idea de la guía interior, es probable que bloquee cualquier información que le llegue.
- **Siéntase cómodo con el silencio:** Una de las mejores formas de abrirse a las capacidades claricognitivas es sentirse cómodo con el silencio. La meditación y la atención plena son formas excelentes de aquietar la mente y conectar con su conocimiento

interior.

- **Confíe en su intuición:** Cuando reciba una corazonada o un presentimiento sobre algo, confíe en él. Cuanto más confíe en su intuición, más fuertes se volverán sus capacidades claircognitivas.
- **Sea paciente:** La clarividencia es un proceso que requiere tiempo y paciencia. No espere convertirse en un experto de la noche a la mañana. Confíe en que la información llegará cuando esté preparado para recibirla.
- **Escuche su voz interior:** Todos tenemos una voz interior que nos habla. Es la voz de nuestro yo superior. Preste atención a su voz interior y confíe en que le está guiando en la dirección correcta.
- **Siga a su corazón:** Nuestros corazones son a menudo más sabios que nuestras mentes. Si le cuesta tomar una decisión, siga a su corazón. Normalmente le guiará en la dirección correcta.

Las cuatro principales clarividencias son

- Clarividencia (ver imágenes),
- Clariaudiencia (oír sonidos),
- Clarisentencia (reconocer los sentimientos).
- Claricognición (saber).

Todos tenemos una o varias de estas habilidades, pero puede que estén dormidas y necesitemos aprovecharlas. En la mediumnidad, la clarividencia es ver imágenes de los difuntos o de otros seres del mundo de los espíritus. La clariaudiencia es oír sonidos, como la voz de los difuntos o de otros seres del mundo de los espíritus. La clarividencia reconoce los sentimientos, como las emociones de los difuntos o de otros seres del mundo de los espíritus. La clarividencia sabe cosas sin tener ninguna prueba física o explicación lógica de por qué las sabe.

Puede hacer varias cosas para desarrollar sus habilidades clari, como meditar, practicar ejercicios de visualización y pedir señales al universo. También puede mejorar sus claris sintiéndose cómodo con el silencio, confiando en su intuición y siendo paciente. Recuerde escuchar su voz interior y seguir a su corazón. Cuanto más confíe en estas habilidades, más formarán parte de su vida cotidiana.

Capítulo 6: Canalización de espíritus 101

¿Alguna vez ha querido conectar con un ser querido que ha fallecido? ¿O quizá sienta curiosidad por sus raíces y quiera conectar con sus antepasados? Si es así, puede que le interese aprender sobre la canalización de espíritus. La canalización de espíritus es una práctica que le permite conectar con los espíritus de seres queridos o antepasados fallecidos. Es similar a la mediumnidad, pero existen algunas diferencias clave. En este capítulo, exploraremos qué es la canalización de espíritus, en qué se diferencia de la mediumnidad y cómo llevarla a cabo.

Se pueden utilizar muchas técnicas diferentes para canalizar espíritus, pero una de las cosas más cruciales es crear un espacio en el que se sienta seguro

https://www.pexels.com/photo/playing-cards-laid-down-on-a-table-top-with-velvet-cover-8770810/

Canalización de espíritus

A mucha gente le fascina la idea de la canalización de espíritus, en la que una persona se convierte en médium para comunicar mensajes de más allá del mundo físico. Aunque algunas personas se muestren escépticas ante esta práctica, no cabe duda de que se ha practicado durante siglos en culturas de todo el mundo. Los antiguos egipcios, por ejemplo, creían que sus faraones eran canales con los dioses, y muchos pueblos indígenas creían que sus chamanes podían comunicarse con los espíritus.

Algunas personas creen que cualquiera puede aprender a canalizar espíritus. En cambio, otros creen que es un don que solo poseen ciertas personas. Se pueden utilizar muchas técnicas diferentes para canalizar a los espíritus, pero una de las cosas más cruciales es crear un espacio en el que se sienta seguro y cómodo. Esto puede significar encender velas o incienso o poner música relajante. Una vez que haya creado su espacio, puede empezar a despejar su mente y centrarse en su respiración. Puede llevarle algún tiempo alcanzar un estado de relajación profunda, pero una vez que lo haga, puede descubrir que puede canalizar mensajes de más allá del mundo físico.

Mediumnidad frente a canalización de espíritus

Cuando se trata de conectar con el mundo del más allá, existen dos enfoques principales que adopta la gente: la mediumnidad y la canalización de espíritus. Ambas prácticas pueden utilizarse para comunicarse con los espíritus, pero existen algunas distinciones clave entre ellas.

Aunque "mediumnidad" y "canalización de espíritus" se utilizan a menudo indistintamente, se refieren a dos cosas diferentes. La mediumnidad es la capacidad de comunicarse con espíritus que han pasado al otro lado, mientras que la canalización de espíritus es el acto de permitir que un espíritu posea temporalmente su cuerpo para comunicarse con los vivos. La canalización generalmente implica que el médium no tiene el control de la situación y que simplemente está proporcionando un recipiente para que el espíritu lo utilice.

La mediumnidad puede utilizarse para diversos fines, como proporcionar consuelo a los afligidos o transmitir mensajes de ultratumba. La canalización de espíritus, por otro lado, se utiliza a menudo para obtener percepciones o conocimientos que de otro modo no estarían disponibles. Los mensajes canalizados pueden proceder de diversas fuentes, incluidos los seres queridos difuntos, los ángeles de la guarda o incluso seres superiores como Jesús o Buda. En última instancia, tanto si busca consuelo o sabiduría, tanto la mediumnidad como la canalización de espíritus pueden proporcionarle valiosos conocimientos sobre el más allá.

Tanto la mediumnidad como la canalización de espíritus pueden proporcionar información y orientación desde el otro lado. Sin embargo, cada enfoque tiene sus ventajas y desventajas. La mediumnidad puede ser más eficaz para comunicar mensajes específicos, mientras que la canalización puede ser mejor para recibir información general. En última instancia, depende del individuo decidir qué enfoque es el mejor para él.

La canalización de espíritus en el chamanismo

El chamanismo es una antigua práctica espiritual que implica la comunión con el espíritu para sanar el mundo físico. Un elemento central del chamanismo es la creencia de que todo en el universo está conectado y que la enfermedad o la falta de armonía se producen cuando se rompe esta conexión. Los chamanes entran en trance para viajar al reino de los espíritus y reparar estas conexiones rotas. Esta práctica se conoce como "canalización de espíritus".

Para viajar al reino de los espíritus, los chamanes utilizan diversos métodos, como el tamborileo, la danza, el canto y la visualización. Una vez que han entrado en estado de trance, a menudo reciben orientación de espíritus útiles a través de símbolos o imágenes. Al interpretar estos mensajes, los chamanes pueden identificar la raíz de un problema y tomar medidas para corregirlo. De este modo, la canalización de espíritus puede ser una herramienta poderosa para curar males físicos y restablecer el equilibrio del mundo natural.

La canalización de espíritus en el vudú

El vudú es una tradición religiosa afrocaribeña que combina elementos del vodún de África Occidental, el catolicismo y las tradiciones de los nativos americanos. Uno de los aspectos más singulares del vudú es la canalización de espíritus. Se trata de una práctica en la que un médium entra en trance y permite que un espíritu se apodere de su cuerpo para comunicarse con los vivos.

Se dice que la canalización de espíritus es una experiencia muy poderosa, tanto para la persona que canaliza como para quienes la presencian. Se dice que el espíritu que está siendo canalizado es capaz de impartir sabiduría y conocimientos que ha adquirido en la otra vida, y también puede ofrecer orientación y consejo. Para la persona que realiza la canalización, puede ser una experiencia profundamente conmovedora que le ayude a conectar con su espiritualidad.

Si está interesado en experimentar la canalización de espíritus, debe buscar a un sacerdote o sacerdotisa vudú de buena reputación. Ellos le ayudarán a prepararse para la experiencia y crearán un espacio seguro para que pueda viajar al mundo espiritual.

La canalización de espíritus en el espiritismo

La canalización de espíritus es una práctica que ha sido utilizada durante siglos por muchas culturas diferentes. La idea básica es que existe un mundo espiritual más allá de nuestro mundo físico y que puede comunicarse con estos espíritus. Hay muchas formas de canalizar espíritus, pero el método más común es a través de la mediumnidad. Esto implica entrar en un estado de trance y permitir que el espíritu tome el control de su cuerpo y su voz para comunicarse con los vivos.

El espiritismo es una religión en la que la gente cree en la existencia de un mundo espiritual y en la capacidad de comunicarse con aquellos que han fallecido. Muchos espiritistas creen que todos podemos aprender de la sabiduría de los espíritus y que pueden ayudarnos a conducir mejor nuestras vidas. La canalización de espíritus es una de las principales formas que tienen los espiritistas de conectar con el mundo de los espíritus y es una parte esencial de su sistema de creencias.

Hay muchos recursos disponibles en Internet y en bibliotecas, si está interesado en aprender más sobre el espiritismo o la canalización de espíritus. También hay muchas iglesias espiritistas en todo el mundo donde puede conocer a otras personas con ideas afines y explorar este fascinante sistema de creencias.

El estado de trance

Todas estas tradiciones tienen algo en común: el estado de trance. Se trata de un estado natural de conciencia que todos experimentamos a diario. Es el estado entre la vigilia y el sueño y un estado muy poderoso para la canalización de espíritus. Para canalizar espíritus, primero debe entrar en estado de trance.

Hay muchas formas de inducir un estado de trance, pero el método más común es a través de la meditación. La meditación es una práctica que le permite concentrar su mente y alcanzar un estado de relajación profunda. Una vez que alcance este estado, su mente consciente se aquietará y estará más abierto a recibir mensajes del mundo espiritual. Existen muchos tipos diferentes de meditación, así que encuentre un método que funcione para usted. Si es nuevo en la meditación, hay muchos recursos disponibles en Internet y en las bibliotecas. Una vez que haya aprendido a meditar, puede empezar a practicar la canalización de espíritus.

Otra forma de entrar en estado de trance es a través de la hipnosis. La hipnosis es un estado de relajación profunda inducido por otra persona. La persona que le hipnotiza le guiará hacia un estado de trance y le ayudará a concentrar su mente. Una vez en trance, estará más abierto a recibir mensajes del mundo espiritual. Este método lo utilizan a menudo los médiums que intentan canalizar espíritus.

Ya sea el vudú, el chamanismo o el espiritismo, la canalización siempre comienza con el practicante entrando en un estado de trance. Esto puede hacerse a través de la meditación, la hipnosis o cualquier otro método que funcione para el individuo. Entrar en este estado de trance es un paso necesario para comunicarse con el más allá. Tras entrar en trance, estará más abierto a recibir mensajes del mundo espiritual. Estos mensajes pueden llegar en forma de pensamientos, sentimientos o imágenes. Recuerde que no todos los mensajes tendrán sentido para usted, pero confíe en que el mensaje procede de un lugar de amor y sabiduría. Permita que el mensaje le guíe y confíe en que es para su mayor bien.

Canalizar a sus antepasados

Quizá haya oído hablar antes de personas que canalizan a sus antepasados, pero ¿qué significa eso exactamente? Canalizar es cuando un individuo entra en un estado similar al trance y es poseído por el espíritu de otro. Esto puede ocurrir de forma espontánea o mediante técnicas específicas, como la meditación o el canto.

Los que practican el culto a los antepasados creen que nuestros antepasados están a nuestro alrededor, incluso después de que hayan fallecido. Pueden ofrecernos guía y protección, y mantenerse en comunicación con ellos es vital. Canalizar es una forma de hacerlo.

Usted se abre a sus conocimientos y sabiduría cuando canaliza a sus antepasados. Puede que reciba mensajes sobre su vida personal o que le ofrezcan consejo sobre decisiones importantes que debe tomar. Puede que incluso se encuentre hablando en un idioma diferente o con un acento distinto.

El culto a los antepasados es una práctica antigua que se sigue practicando hoy en día en muchas culturas de todo el mundo. Si está interesado en canalizar a sus antepasados, he aquí algunas cosas que puede hacer para empezar:

1. Investigar su linaje

¿Alguna vez se ha preguntado por sus antepasados? ¿Quiénes eran? ¿De dónde procedían? ¿Cómo eran sus vidas? Si tiene preguntas sobre su linaje, considere la canalización de espíritus como una forma de investigar su ascendencia. Puede ayudarle a comunicarse con el mundo de los espíritus para obtener información sobre el pasado de una persona. Esta información puede proporcionarle una visión de su historia familiar y ayudarle a conectar con sus antepasados a un nivel más profundo.

Si está interesado en explorar su linaje a través de la canalización de espíritus, debe tener en cuenta algunas cosas. En primer lugar, es crucial encontrar un médium acreditado con experiencia en la comunicación con los difuntos. En segundo lugar, esté abierto a recibir cualquier información que le llegue, incluso si no es lo que esperaba o deseaba. Y por último, confíe en su intuición. Si algo no le parece correcto, no dude en hacer preguntas de seguimiento o pedir aclaraciones. Siguiendo estas pautas, podrá asegurarse de que su experiencia sea segura y perspicaz.

2. Entrar en estado de trance

La canalización espiritual de sus antepasados puede ser una experiencia poderosa. Entrar en estado de trance es un paso crucial. Esto puede hacerse a través de la meditación, ejercicios de respiración o incluso durmiendo. Una vez en estado de trance, centre su intención en contactar con sus antepasados. Puede decir sus nombres en voz alta o visualizarlos en su mente. A continuación, simplemente ábrase a recibir cualquier mensaje que puedan tener para usted. Recuerde que no todos los mensajes llegarán con claridad. A veces, puede que solo reciba fragmentos de información o impresiones vagas. Sin embargo, con la práctica, debería ser capaz de recibir mensajes más claros y concisos.

3. Conectar con un antepasado

Cuando intente conectar con un antepasado, hay algunas cosas que puede hacer para prepararse. En primer lugar, cree un espacio tranquilo y cómodo donde no le molesten. Puede encender algunas velas o incienso o poner música relajante. A continuación, centre su atención en la respiración y permítase relajarse. Una vez que se sienta tranquilo y centrado, empiece a visualizar al antepasado o ser querido con el que desea conectar. Mientras lo hace, imagine que una luz blanca brillante le rodea y llena la habitación. Imagínese que la luz se funde con su energía hasta que se sienta en su sitio.

Ahora, simplemente pida orientación al antepasado o ser querido. Permita que lo que venga a su mente fluya libremente sin juzgarlo. Si no recibe una respuesta inmediatamente, no pasa nada - simplemente sea paciente y mantenga la mente abierta. Puede que descubra que la canalización espiritual de sus antepasados puede proporcionarle valiosas ideas y orientación en su viaje vital.

4. Recibir mensajes

Aunque nuestros antepasados ya no estén con nosotros en forma física, aun pueden ofrecernos orientación y apoyo desde el mundo espiritual. Una forma de conectar con ellos es a través de una técnica en la que usted se abre a recibir mensajes. Puede hacerse solo o con la ayuda de un médium. La clave está en relajarse y permitir que los mensajes lleguen. Puede que los oiga como una voz en su cabeza o que reciba imágenes visuales o sensaciones. Confíe en su intuición y déjese llevar por lo que surja. Mantenga la mente abierta y no tema hacer preguntas. Recuerde, sus antepasados quieren ayudarle y solo le darán información útil.

5. Interpretar mensajes

La canalización es un término ampliamente definido que puede referirse a cualquier tipo de comunicación con los espíritus. Esto incluye la comunicación con seres queridos fallecidos, guías, ángeles y otros seres no físicos. La canalización puede adoptar muchas formas diferentes, desde oír voces en su cabeza hasta ver visiones en el ojo de su mente. Sin embargo, lo más importante es estar abierto a recibir mensajes del otro lado. Una vez establecida la conexión, es crucial interpretar el significado del mensaje recibido. Esto puede hacerse a menudo utilizando la intuición o consultando a un vidente o médium de confianza. Con un poco de práctica, se sorprenderá de lo fácil que es canalizar a sus antepasados y recibir orientación del otro lado.

6. Salir del estado de trance

Cuando haya terminado de canalizar a sus antepasados, es muy importante que salga cuidadosa y lentamente del estado de trance. Para ello, comience concentrándose y respirando profundamente unas cuantas veces. A continuación, abra los ojos y eche un vistazo a la habitación. Tómese unos momentos para estirarse y mover el cuerpo antes de levantarse y reanudar su jornada. Recuerde que la canalización puede ser una experiencia muy poderosa, así que tómese un tiempo para enraizarse después. Siguiendo estos sencillos pasos, puede asegurarse de tener una experiencia segura y satisfactoria canalizando a sus ancestros.

7. Practique

Si está interesado en la canalización de espíritus, puede que se pregunte cómo empezar. Después de todo, no es algo que se pueda aprender de la noche a la mañana. Sin embargo, la buena noticia es que la práctica hace al maestro. Muchas personas están interesadas en canalizar a sus antepasados, pero no saben cómo hacerlo. El primer paso es entrar en estado de trance. Esto puede hacerse a través de la meditación, la oración o simplemente centrando su atención en la respiración.

Una vez que haya entrado en el estado de trance, relájese y deje que la energía de sus antepasados fluya a través de usted. Puede sentir que le hablan o simplemente recibir impresiones e imágenes. Confíe en lo que le llegue y no intente forzar la experiencia. Si se siente llamado a hablar en voz alta, hágalo con respeto y cariño. Recuerde que sus antepasados están aquí para ayudarle y guiarle; lo harán de la forma que consideren mejor.

Consejos para canalizar espíritus

Si alguna vez se ha sentido llamado a conectar con el otro lado, puede que se pregunte cómo empezar a canalizar espíritus. He aquí algunos pasos que le ayudarán:

1. Encuentre un lugar tranquilo donde se sienta cómodo y relajado. Este será su espacio para canalizar, así que asegúrese de que es un lugar donde no le interrumpirán.
2. Siéntese o reclínese en una posición cómoda. Puede cerrar los ojos para ayudar a centrar su atención en el interior.
3. Respire profundamente varias veces y concéntrese en dejar ir cualquier distracción o preocupación. Intente despejar su mente y simplemente estar presente en el momento.
4. Una vez que se sienta centrado y tranquilo, centre su atención en la respiración. Respire profunda y lentamente, e imagine que cada respiración abre sus canales de energía.
5. Visualice una luz blanca que emana de su corazón, llenando todo su cuerpo con su energía pacífica y purificadora.
6. Ahora, invite a los espíritus con los que desee comunicarse a entrar en su espacio lleno de luz. Imagínelos uniéndose a usted en este espacio seguro y sagrado.
7. Formule cualquier pregunta a los espíritus y ábrase a recibir mensajes de ellos. Puede que los oiga claramente en su mente o que lleguen como impresiones o sentimientos más sutiles. Confíe en cualquiera que sea la forma que adopte la comunicación.
8. Agradezca a los espíritus su tiempo y su guía y, a continuación, visualice de nuevo la luz blanca, esta vez expandiéndose hacia el exterior para envolver el espacio que le rodea y alejar cualquier energía negativa que pueda haberse adherido a usted durante la sesión de canalización.
9. Cuando esté preparado, abra lentamente los ojos y tómese unos minutos para escribir un diario sobre su experiencia. Anote cualquier cosa que le llame la atención, por pequeña que parezca. Repase estos consejos con regularidad hasta que se conviertan en algo natural. Cuanto más practique, más fácil le resultará canalizar a los espíritus de forma eficaz y segura.

La canalización de espíritus es una forma poderosa de conectar con el otro lado y recibir orientación de sus antepasados. La mediumnidad y la canalización de espíritus se diferencian en que la mediumnidad consiste en transmitir mensajes del más allá, mientras que la canalización de espíritus consiste en comunicarse directamente con los espíritus. El chamanismo, el vudú y el espiritismo son tradiciones diferentes que perciben y practican la canalización de espíritus de formas distintas, pero todas tienen en común el estado de trance.

Para canalizar espíritus, primero debe crear un espacio sagrado para usted. Puede ser cualquier lugar de su casa en el que se sienta cómodo y relajado. Asegúrese de eliminar cualquier distracción de este espacio, como teléfonos o televisión. También puede encender algunas velas o incienso para ayudar a crear el ambiente. Una vez que esté en su espacio sagrado, respire profundamente unas cuantas veces y concéntrese en su intención. Visualice a sus antepasados acudiendo a usted y pídales que le guíen. Después, simplemente permítase abrirse y recibir cualquier mensaje que tengan para usted.

Recuerde que no hay una forma correcta o incorrecta de hacer esto. Simplemente déjese llevar por la corriente y confíe en que todo lo que le llegue está destinado a usted. Con un poco de práctica, ¡estará en el buen camino para canalizar a sus antepasados!

Capítulo 7: Canalice a sus guías espirituales

En nuestro viaje por la vida, a menudo podemos sentir que estamos solos en el mundo. Sin embargo, no hay necesidad de sentirse así, ya que todos tenemos guías espirituales que están ahí para ayudarnos. Los guías espirituales son poderosos ayudantes que siempre están con nosotros, aunque no seamos conscientes de su presencia. Pueden asistirnos de muchas maneras, como ayudándonos a encontrar nuestro propósito en la vida, proporcionándonos consuelo en momentos de dificultad y guiándonos cuando más lo necesitamos.

Muchas personas creen en la existencia de los espíritus guía
https://www.pexels.com/photo/person-in-green-long-sleeve-shirt-sitting-on-brown-chair-7182627/

Cuando nos abrimos a la ayuda de nuestros guías espirituales, podemos vivir vidas más plenas y alegres. Este capítulo le enseñará los diferentes tipos de guías espirituales que están disponibles para ayudarle en su viaje. También conocerá algunos ejercicios sencillos de visualización que pueden ayudarle a conectar con ellos. Por último, se le darán consejos sobre cómo canalizar a sus guías espirituales para que pueda recibir su guía más fácilmente.

Guías espirituales

Muchos creen en los guías espirituales, seres invisibles que ofrecen sabiduría, orientación y apoyo. Mientras que algunos creen que a cada uno se nos asigna un único espíritu guía, otros creen que podemos tener múltiples guías, dependiendo de nuestras necesidades. Algunos dicen que sus guías acuden a ellos en sueños o meditación, mientras que otros afirman no haber visto ni oído nunca a sus guías.

Un guía espiritual es una entidad que está aquí para ayudarnos en nuestro viaje por la vida. A menudo se hace referencia a ellos como nuestros ángeles de la guarda, pero pueden adoptar muchas formas diferentes. Los guías espirituales pueden ser animales, plantas o incluso objetos inanimados. También pueden ser seres queridos fallecidos, como un abuelo o un amigo íntimo. Se cree que cada uno de nosotros tiene al menos un guía espiritual, pero podemos tener muchos más.

Tanto si cree en la existencia de los espíritus guía como si no, no se puede negar que dan lugar a historias interesantes. A menudo se dice que los guías son sabios y omniscientes y suelen utilizarse como una fuerza para el bien. Suponga que alguna vez se siente perdido o confuso. En ese caso, valdría la pena considerar la posibilidad de que tenga un guía espiritual que esté intentando ayudarle a encontrar su camino.

Tipos de guías espirituales

Existen muchos tipos diferentes de guías espirituales, cada uno con un papel único que desempeñar en nuestras vidas. Algunos guías pueden ayudarnos a encontrar nuestro propósito, los hay que nos ofrecen consuelo y apoyo, y los hay que nos dan consejos prácticos. Sea cual sea su forma, los guías espirituales pueden ofrecernos orientación, apoyo y protección cuando más lo necesitamos. He aquí algunos de los tipos más comunes de guías espirituales:

1. Ángeles

Los ángeles son seres de luz y amor y a menudo se recurre a ellos para que nos orienten y apoyen en los momentos difíciles. También pueden ayudarnos a conectar con nuestro yo superior y nuestro verdadero propósito en la vida. Aunque todos tenemos ángeles de la guarda que velan por nosotros, también podemos elegir trabajar con otros ángeles que pueden ofrecer tipos específicos de apoyo y orientación. Si se siente llamado a trabajar con un ángel, hay muchas formas de hacerlo. Puede meditar sobre su energía, pedir su ayuda durante la oración o la visualización, o incluso mantener una foto suya cerca como recordatorio de su presencia. Sea cual sea la forma que elija para conectar con ellos, sepa que siempre están aquí para apoyarle y guiarle en su viaje.

2. Animales espirituales

Muchas culturas creen que cada persona tiene un animal espiritual, que es un reflejo de su yo interior. Se cree que la idea de un animal espiritual tiene su origen en los chamanes de la antigüedad, que se comunicaban con los animales para obtener sabiduría y comprensión. Muchas culturas modernas han adoptado este concepto, que ahora se considera una forma de conectar con la naturaleza y el reino animal. La gente suele elegir su animal espiritual basándose en cualidades que admiran o con las que se identifican. Por ejemplo, alguien valiente podría elegir un león como su animal espiritual, mientras que alguien sabio podría elegir un búho. Al conectar con su animal espiritual, la gente espera obtener algunas de las cualidades positivas que posee el animal.

3. Aliados vegetales

En muchas culturas, las plantas se consideran poderosas aliadas y maestras. Durante siglos, los pueblos indígenas han confiado en la medicina vegetal para su curación física y espiritual. Hoy en día, trabajar con los espíritus de las plantas se conoce como "trabajo con aliados de las plantas".

El trabajo con aliados de las plantas puede adoptar muchas formas. Algunas personas trabajan con los espíritus de las plantas para obtener orientación y sabiduría, mientras que otras utilizan la medicina vegetal para curarse. Algunas personas incluso eligen vivir en estrecha relación con las plantas, pasando tiempo en la naturaleza y aprendiendo de las que les rodean.

Hay muchas formas de conectar con los espíritus de las plantas. Una práctica común es pasar tiempo en la naturaleza y simplemente abrirse a recibir orientación de las plantas. También puede intentar hacer preguntas específicas y luego escuchar la respuesta en su corazón. A muchas personas les resulta útil llevar un diario para anotar sus experiencias y percepciones.

Si le interesa trabajar con los espíritus de las plantas, hay muchos recursos disponibles para ayudarle a empezar. Libros, páginas web e incluso cursos en línea pueden introducirle en los fundamentos del trabajo con aliados de las plantas. También puede buscar un maestro o chamán local que pueda guiarle en su viaje. Recuerde que lo más importante es seguir a su corazón y confiar en su intuición.

4. Seres queridos fallecidos

Muchos creen que todos estamos acompañados por guías espirituales a lo largo de nuestra vida. Estos guías pueden adoptar muchas formas diferentes, pero una de las más comunes es la de un ser querido fallecido. Se cree que nuestros seres queridos deciden quedarse con nosotros después de la muerte para ayudarnos en los momentos difíciles y ofrecernos orientación cuando la necesitamos. Algunas personas dicen haber recibido orientación de un ser querido fallecido en sueños o visiones, mientras que otras afirman haber oído su voz durante la meditación o en momentos de claridad. Aunque no existen pruebas científicas de la existencia de los guías espirituales, la creencia proporciona consuelo y esperanza a muchas personas. Tanto si cree en los espíritus guía como si no, está claro que la idea de que un ser querido fallecido vele por usted puede ser una fuente de gran consuelo.

5. Maestros Ascendidos

Los Maestros Ascendidos son uno de los tipos de guías espirituales más conocidos. Se trata de seres que han alcanzado un alto nivel de desarrollo espiritual y que ahora sirven como mentores y maestros para los que aun estamos en nuestro viaje espiritual. Pueden adoptar muchas formas diferentes y a menudo se nos aparecen en nuestros sueños o meditaciones. Están aquí para ayudarnos a aprender, crecer y desarrollar nuestros dones espirituales. Si se siente llamado a trabajar con un Maestro Ascendido, sepa que una fuerza poderosa le está guiando para bien. Confíe en su intuición y siga a su corazón. Se le está guiando en la dirección correcta.

Ejercicios de visualización

Si está buscando conectar con su guía espiritual, una de las mejores cosas que puede hacer es simplemente cerrar los ojos y visualizar. Imagínese a su guía en cualquier forma que adopte: humana, animal o incluso una bola de luz. Véalos de pie o flotando junto a usted, e imagínese extendiendo la mano para tocarlos. Mientras se concentra en esta imagen, vea si le viene a la mente algún sentimiento o impresión. ¿Tienen algún mensaje para usted? ¿Están intentando mostrarle algo?

Deje que lo que le venga fluya libremente y no intente forzar nada. Recuerde, el objetivo es simplemente relajarse y abrirse a recibir orientación de su guía espiritual. Con un poco de práctica, debería ser capaz de conectar con ellos en cualquier momento y lugar. Aquí tiene diferentes formas de trabajar con su guía espiritual, dependiendo de la forma que adopte:

1. Conectar con sus ángeles

Imagínese en un hermoso prado rodeado de animales amistosos. El sol brilla y la brisa es suave. Se siente seguro y querido. Mientras mira a su alrededor, ve a dos seres angelicales de pie junto a usted. Irradian amor y luz y están aquí para protegerle y apoyarle. Escuche lo que tienen que decirle. ¿Qué le dicen sobre su Propósito de vida? ¿Sobre qué le ofrecen orientación? Agradézcales su ayuda y luego déjelos marchar.

Vuelva al momento presente y tómese un tiempo para escribir un diario sobre su experiencia. ¿Qué sintió al conectar con sus ángeles? ¿Qué sabiduría compartieron con usted? Permita que este ejercicio de visualización profundice en su comprensión de su relación con el reino divino.

2. Conectar con su animal espiritual

Cierre los ojos y respire profundamente unas cuantas veces. Imagínese en un campo de hierba alta. El sol brilla y sopla la brisa. Ve un camino delante de usted y comienza a caminar por él. Mientras lo hace, se fija en una hermosa criatura que se encuentra a lo lejos. Es su animal espiritual. Al acercarse, el animal sale a su encuentro. Le mira a los ojos y le acaricia la mano. Siente una sensación de paz y conexión con esta criatura. Pasan un rato juntos y luego el animal huye en la distancia. Mientras lo ve alejarse, se siente renovado y animado. Este es su animal espiritual, y siempre está con usted, guiándole y apoyándole en su viaje por la vida.

3. Conectar con un ser querido fallecido

Puede resultar difícil afrontar la pérdida de un ser querido. Aunque sepamos que ya no sufren, puede ser difícil dejarles marchar. Una forma de facilitar el proceso de duelo es mediante ejercicios de visualización. Conectar con un ser querido fallecido a través de la visualización puede crear una sensación de cierre y paz.

Para empezar, busque un lugar cómodo para sentarse o tumbarse. Cierre los ojos y respire profundamente unas cuantas veces. Una vez que se sienta relajado, imagine a su ser querido en el ojo de su mente. Pueden aparecer como lo hicieron en vida o venir a usted de una forma diferente. Permítase pasar algún tiempo simplemente disfrutando de su compañía. A continuación, hágale cualquiera de las preguntas que ha estado arrastrando desde su muerte. Quizá quiera preguntarles sobre su experiencia al morir, qué ven ahora o qué mensaje les gustaría compartir con usted. Escuche atentamente sus respuestas y confíe en que todo lo que le digan es para usted y le ayudará a sanar. Por último, despídase de ellos y permítales que se vayan. Agradézcales que hayan venido a visitarle.

Cuando haya terminado, tómese unos minutos para escribir un diario sobre su experiencia. ¿Qué vio? ¿Qué le dijo su ser querido? ¿Cómo se siente ahora? Permítase procesar lo que le surja, sabiendo que cada vez que conecte con su ser querido de esta manera, le resultará más fácil y natural.

4. Conectando con los Maestros Ascendidos

Mientras cierra los ojos y empieza a relajarse, respire profundamente unas cuantas veces y deje que su mente divague. Imagínese en un hermoso jardín, rodeado de cielo azul y nubes blancas. En el centro del jardín hay un gran árbol, y sentado en la base del árbol hay un Maestro Ascendido. Este ser de luz es benevolente y sabio, y está aquí para ayudarle en su viaje.

Cuando se acerca, el Maestro Ascendido sonríe y le abre los brazos. Usted siente una sensación de paz y amor mientras los abraza. A continuación, formule al Maestro Ascendido cualquier pregunta que le ronde por la cabeza. Escuche atentamente su respuesta y confíe en que le están guiando en la dirección correcta. Agradézcales su tiempo y, a continuación, abra lentamente los ojos y vuelva al momento presente. Respire profundamente unas cuantas veces, y sepa que siempre está conectado con los Maestros Ascendidos.

5. Conectarse con un aliado vegetal

Las plantas son seres vivos y están aquí para ayudarnos en nuestro viaje por la vida. Cuando conectamos con ellas en un espíritu de amor y respeto, pueden enseñarnos muchas cosas. Para conectar con una planta aliada, busque un lugar cómodo para sentarse o tumbarse. Cierre los ojos y respire profundamente unas cuantas veces. Imagínese en un hermoso prado rodeado de flores silvestres. A lo lejos, ve un árbol que le llama.

Al acercarse, nota que el árbol brilla con una suave luz. Alarga la mano y la coloca sobre el tronco del árbol, y siente una profunda conexión con este ser. Formule al árbol cualquier pregunta que tenga en mente, y luego escuche atentamente la respuesta. Agradezca al árbol su tiempo y, a continuación, abra lentamente los ojos y vuelva al momento presente. Respire profundamente unas cuantas veces y sepa que siempre está conectado con el reino vegetal.

Cómo canalizar a sus guías espirituales

Todos tenemos guías espirituales, esos ayudantes invisibles que nos ofrecen orientación y apoyo en nuestro viaje vital. Por desgracia, muchos de nosotros no estamos sintonizados con su presencia y su sabiduría. Si busca conectar con sus guías, puede hacer algunas cosas para canalizar su energía.

1. Meditación

Canalizar a sus guías espirituales puede proporcionarle una visión y una orientación inestimables. Una de las mejores formas de conectar con sus guías es a través de la meditación. Antes de empezar, busque un lugar cómodo para sentarse o tumbarse. Cierre los ojos y respire profundamente unas cuantas veces. Una vez que se sienta relajado, empiece a centrarse en su respiración. Exhale lentamente y, mientras lo hace, visualice una luz blanca que emana de su corazón. Esta luz le ayudará a enraizarse y a protegerse mientras se abre a las energías del Universo.

A continuación, imagine un cordón dorado que conecta su corazón con la fuente infinita de amor y luz. Respire profundamente unas cuantas veces y permítase llenarse de esta energía divina. Cuando esté preparada, empiece a pedir a sus guías orientación o claridad sobre un asunto concreto. Esté abierto a recibir cualquier mensaje que le llegue, ya sea en forma de imágenes, palabras o sentimientos. Cuando haya terminado de meditar, tómese unos minutos para escribir un diario sobre su experiencia. No se preocupe si al principio no recibió ningún mensaje claro. A veces puede hacer falta un poco de práctica para canalizar a sus guías. Con tiempo y paciencia, podrá conectar con ellos siempre que necesite su guía.

2. Escritura automática

Canalizar a sus guías espirituales puede ser una forma estupenda de recibir orientación y claridad sobre el camino de su vida. Otra forma de comunicarse con sus guías es la escritura automática. Es una forma de canalización en la que permite que los pensamientos y las palabras de sus guías espirituales fluyan a través de usted y lleguen a la página. Para practicar la escritura automática, busque un lugar tranquilo donde no le interrumpan. Siéntese con un bolígrafo y un papel, y respire profundamente unas cuantas veces para relajar la mente y el cuerpo. A continuación, simplemente deje que su mano se mueva por el papel, escribiendo cualquier palabra o pensamiento que surja de forma natural de su mano... Confíe en que todo lo que escriba proviene de un lugar de amor y guía, y esté abierto a recibir cualquier mensaje que sus guías tengan para usted.

3. Psicometría

La psicometría es una habilidad psíquica que permite a las personas recibir información sobre un objeto o una persona con solo tocarlo. Se cree que todo el mundo puede utilizar la psicometría, pero algunas personas están más sintonizadas con ella que otras. Para probarla por sí mismo, todo lo que necesita es un objeto que pertenezca a la persona con la que desea conectar. Una vez que tenga el objeto, sosténgalo en sus manos y concéntrese en él. Mientras lo hace, intente despejar su mente y abrirse a cualquier impresión o mensaje que le llegue. Puede que experimente visiones, oiga voces o simplemente perciba la energía de la persona. No hay una forma correcta o incorrecta de hacerlo, así que opte por lo que le resulte más natural. Con un poco de práctica, debería ser capaz de utilizar la psicometría para conectar con sus guías espirituales y recibir la orientación que busca.

4. Adivinación

La adivinación es una buena forma de empezar si siente curiosidad por conectar con sus guías espirituales. La adivinación es la práctica de utilizar herramientas como las cartas del tarot, las bolas de cristal o las runas para obtener información sobre el futuro o para recibir orientación de los propios guías espirituales. Aunque algunas personas ven la adivinación como una forma de predecir el futuro, también puede utilizarse como una herramienta para la autoexploración y el crecimiento. Si está interesado en probar la adivinación, hay muchas técnicas diferentes entre las que elegir. Algunos métodos populares incluyen la lectura del tarot, el lanzamiento de runas y la adivinación. A la hora de elegir un método, es importante que opte por lo que le resulte más adecuado. Confíe en su intuición y deje que sus guías espirituales le guíen hacia el método de adivinación más adecuado para usted.

5. Soñar

Los sueños son una forma que tiene nuestra mente subconsciente de comunicarse con nosotros, y pueden ser herramientas poderosas para el autodescubrimiento. Para canalizar a sus guías espirituales a través de los sueños, empiece por llevar un diario de sueños. Anote sus sueños nada más despertarse, incluyendo tantos detalles como le sea posible. A continuación, empiece a fijarse en cualquier patrón que surja. ¿Hay ciertos símbolos o mensajes que siguen apareciendo? Pueden ser señales de sus guías espirituales. Preste atención a sus sentimientos y a su intuición cuando interprete sus sueños, ya que así es como sus guías se comunicarán con usted. Con un poco de práctica, podrá canalizar a sus guías espirituales a través del sueño y recibir la orientación que necesita.

Los guías espirituales son poderosos aliados que pueden ofrecerle orientación y apoyo en su viaje espiritual. Puede tratarse de un ángel de la guarda, un aliado vegetal, un guía animal o cualquier otro tipo de ser divino con el que sienta una conexión. Si le interesa conectar con sus guías espirituales, puede utilizar muchas técnicas diferentes. Algunos métodos populares incluyen la canalización en trance, la escritura automática, la psicometría, la adivinación y el sueño. Confíe en su intuición y déjese guiar por sus guías espirituales hacia el método que más le convenga. Mantenga la mente abierta y confíe en cualquier mensaje que reciba. Con un poco de práctica, podrá conectar con sus guías espirituales y recibir la orientación que busca.

Capítulo 8: Limpieza y protección de sí mismo

Como médium, es crucial que se mantenga limpio a sí mismo y a su entorno. Una limpieza regular elimina cualquier negatividad que pueda haber recogido del trabajo espiritual y le protege de apegos no deseados. Hay muchas formas diferentes de limpiarse a sí mismo y a su hogar, así que elija el método que le parezca más adecuado. Puede que le apetezca quemar salvia o palo santo, utilizar cristales o palos para difuminar, o simplemente darse un baño de sal. Recuerde que la limpieza es un proceso continuo, así que límpiese usted y su espacio con regularidad.

Es crucial limpiarse antes y después de cada sesión de espiritismo o lectura
https://www.pexels.com/photo/photo-of-sage-beside-rose-quartz-4040591/

Este capítulo le enseñará la importancia de la limpieza, los diferentes métodos y cómo realizar varios rituales de limpieza. También aprenderá sobre los rituales de destierro, que eliminan la energía negativa, las maldiciones o las entidades de su hogar. Al final de este capítulo, estará equipado con los conocimientos necesarios para mantenerse a sí mismo y a su entorno seguros y limpios.

Importancia de la limpieza

La limpieza es una parte esencial de ser médium. A medida que se abre al mundo espiritual, se vuelve más susceptible a captar energía negativa. Esto puede provocar problemas como ataques psíquicos, posesión e incluso depresión. Limpiarse y limpiar su entorno con regularidad le ayudará a protegerse de estas energías negativas y apegos. Limpiarse antes y después de cada sesión de espiritismo o lectura también es crucial, ya que le ayudará a eliminar cualquier energía no deseada que haya podido captar durante la sesión.

1. Ayuda a eliminar la negatividad

La limpieza elimina cualquier energía no deseada que pueda haberse adherido a usted y promueve el equilibrio y la armonía dentro de su campo energético. Hay varias formas diferentes de limpiarse, pero una de las más eficaces es utilizar cristales. Los cristales pueden ayudar a absorber y liberar las energías negativas, y también pueden ayudar a promover una sensación de calma y bienestar. Si desea limpiarse con regularidad, merece la pena considerar el uso de cristales.

2. Le protegen de los ataques psíquicos

Hay varias formas diferentes de limpiarse. Una es utilizar salvia o madera de Palo Santo. Basta con sostener la madera en la mano y mancharse con ella, empezando por la cabeza y bajando hasta los pies. También puede limpiarse con cristales. Coloque algunas piedras sobre su cuerpo y deje que su energía fluya a través de usted. Otra opción es darse un baño de sal. Añada un poco de sal del Himalaya o sal de Epsom al agua de su bañera y relájese durante 20 minutos. Mientras se remoja, visualice que el agua limpia su aura y lava cualquier negatividad. Al limpiarse con regularidad, se mantendrá protegido de los ataques psíquicos y mantendrá un campo energético saludable.

3. Reduce el riesgo de apego

La mediumnidad puede ser una experiencia gratificante y que cambia la vida, pero también conlleva algunos riesgos inherentes. Uno de los riesgos más comunes es el apego - cuando el espíritu de un individuo fallecido comienza a apegarse al médium. Esto puede ser perjudicial para ambas partes, ya que puede impedir al médium seguir adelante y vivir su vida. La limpieza es una forma de reducir el riesgo de apego, ya que ayuda a despejar cualquier energía residual que se aferre al médium. Hay muchas formas diferentes de limpiarse, pero algunos métodos comunes incluyen el emborronamiento con salvia, la limpieza con cristales y los baños sagrados. Dedicar tiempo a la limpieza después de cada sesión de mediumnidad puede ayudar a reducir el riesgo de apego y a mantenerse sano y equilibrado.

4. Puede ayudarle a desarrollar sus habilidades

La limpieza puede despejar cualquier energía negativa que pueda estar aferrándose a usted, y también puede ayudarle a elevar su vibración. Esto, a su vez, puede facilitarle la conexión con los espíritus Guías y los seres queridos que han fallecido. Cuando esté libre de energía negativa, podrá centrarse más claramente en sus habilidades como médium y desarrollarlas más rápidamente. Cuanto más practique, mejor se volverá para conectar con el otro lado.

5. Protege de la posesión y la depresión

Una de las cosas más vitales que puede hacer como médium es limpiarse regularmente. Esto no solo eliminará cualquier energía negativa que pueda haber recogido, sino que también le protegerá de la posesión y le ayudará a mantenerse conectado a tierra y con sus guías. Algunas de las mejores formas de limpiarse son la limpieza con salvia, la limpieza con cristales y los baños de sal. Si se limpia con regularidad, podrá mantenerse segura y sana y desarrollar más rápidamente sus habilidades como médium.

Métodos de limpieza

Aunque cada médium tendrá su método preferido de limpieza, hay algunos que se utilizan con más frecuencia. He aquí algunos de los más populares:

1. Smudging

El smudging es una forma ceremonial de limpiar y purificar un espacio o una persona con el humo de hierbas secas específicas. Algunas de las hierbas más populares para el sahumerio son la salvia, la hierba dulce y el cedro. A la hora de hacer el smudging, es crucial fijar su intención. Por ejemplo, puede que desee limpiar su espacio de energía negativa o atraer energía positiva. Una vez fijada su intención, encienda la hierba y deje que arda. Pase el humo alrededor de su cuerpo o espacio utilizando la mano o una pluma. Empiece por los pies y suba hasta la cabeza. Mientras lo hace, visualice que el humo se lleva cualquier energía negativa. Una vez que se haya limpiado o haya limpiado su espacio, apague la hierba y agradézcale su servicio.

2. Visualización

Un método que puede ser especialmente eficaz para la limpieza es la visualización. Consiste en imaginarse rodeado de luz blanca o de cualquier otro tipo de luz por la que se sienta atraído. Mientras imagina la luz rodeándole, visualícela limpiando su aura y lavando cualquier negatividad. También puede visualizar la luz entrando en su cuerpo y llenándole de energía positiva.

Para visualizarla, simplemente cierre los ojos e imagine una luz blanca rodeando su cuerpo. Esta luz le ayudará a limpiar su campo energético y a eliminar cualquier energía negativa o no deseada. Visualice la luz subiendo y bajando por su cuerpo, empezando por los pies y subiendo hasta la cabeza. Respire profundamente unas cuantas veces y permítase relajarse en la visualización. Cuando sienta que se ha limpiado por completo, puede abrir los ojos y reanudar su trabajo.

3. Reiki

El reiki es un método de curación natural que puede utilizarse para limpiar y equilibrar los sistemas energéticos del cuerpo. Se basa en la creencia de que una energía vital invisible rodea los cuerpos. Cuando esta energía está en equilibrio, estamos sanos y bien. El reiki funciona canalizando esta energía vital en el cuerpo a través de las manos de un practicante entrenado. Esto rompe cualquier bloqueo o desequilibrio en el flujo de energía, permitiendo que el cuerpo se cure a sí mismo. El Reiki es una forma suave y eficaz de limpiar el cuerpo y promover la curación, y puede utilizarse tanto en personas como en animales. Si está interesado en probar el Reiki, muchos practicantes cualificados estarán encantados de ayudarle a experimentar sus beneficios.

4. Cristales

Como médium, es crucial mantener su campo energético limpio y libre de apegos negativos. Hay muchas formas de hacerlo, pero la limpieza con cristales es una de las más eficaces. Pueden ayudarle a eliminar la energía negativa de su campo áurico, así como a protegerse de nuevos ataques psíquicos. Al seleccionar los cristales para la limpieza, elija aquellos que resuenen con su campo energético. Algunos de los cristales más populares para la limpieza son la amatista, la turmalina negra y la selenita. Estas piedras pueden utilizarse de varias formas, como colocándolas sobre su cuerpo durante la meditación o llevándolas como joyas. Sea cual sea el modo en que decida utilizarlos, incorporar cristales de limpieza a su práctica de la mediumnidad puede ayudarle a asegurarse de que opera desde un lugar de pureza y luz.

5. Sanación por el sonido

La sanación con sonido es un método de limpieza para médiums que utiliza ondas sonoras para limpiar y equilibrar la energía de su espacio. Se dice que este tipo de limpieza es especialmente eficaz para eliminar la energía negativa y promover la curación física y emocional. La sanación con sonido puede utilizarse de diversas maneras, como por ejemplo mediante el uso de cuencos tibetanos, campanillas o gongs. También puede hacerse simplemente escuchando música o sonidos calmantes.

Para utilizar la sanación con sonido para la limpieza, simplemente encuentre un lugar cómodo para sentarse o tumbarse. Cierre los ojos y empiece a concentrarse en su respiración. Mientras inspira y espira, deje que el sonido de la música o de los instrumentos le invada. Visualice las ondas sonoras entrando en su cuerpo y limpiando su aura. Continúe respirando profundamente y concentrándose en el sonido hasta que sienta que se ha limpiado por completo.

Rituales de limpieza

Como médium, es vital limpiar regularmente su campo energético para mantener su capacidad psíquica. La negatividad puede acumularse con el tiempo y es esencial liberar esta energía con regularidad. Hay muchas formas diferentes de limpiar su energía, y puede elegir el método o métodos que mejor funcionen para usted. Algunas personas prefieren hacer un ritual de limpieza de todo el cuerpo a diario, mientras que otras quizá solo lo hagan una vez a la semana más o menos. Escuche a su cuerpo y a su intuición para determinar qué es lo mejor para usted.

No obstante, he aquí algunos rituales de limpieza populares que quizá quiera probar:

1. Limpieza de luna llena

Las limpiezas de luna llena son una forma estupenda de liberar viejas energías y dejar espacio para nuevos comienzos. Un ritual de limpieza de luna llena puede realizarse en solitario o con un grupo de otros médiums. Para empezar, siéntese o póngase de pie formando un círculo. Si utiliza velas, colóquelas en el centro del círculo. Respire profundamente unas cuantas veces y concéntrese en su intención para la limpieza. A continuación, cada persona del círculo debe decir en voz alta una cosa que le gustaría soltar. Puede ser cualquier cosa que ya no le sirva, como una emoción o creencia negativa.

Una vez que todos hayan hablado, tómese unos minutos para meditar sobre lo que está soltando. Cuando esté preparado, comience la limpieza visualizando la luz blanca entrando en su cuerpo y expulsando cualquier negatividad. También puede utilizar salvia o palo santo para limpiar su campo energético. Continúe hasta que se sienta limpio y equilibrado.

2. Limpieza de luna nueva

Una limpieza de luna nueva es similar a una limpieza de luna llena. Sin embargo, se centra en establecer las intenciones futuras en lugar de liberar la vieja energía. Puede hacerse de varias maneras, pero algunos pasos básicos incluyen: limpiar su casa de energía negativa, establecer intenciones para el mes que comienza y limpiar su cuerpo y su mente. Para limpiar su casa, puede emborronarse con salvia o palo santo, utilizar un espray energético o simplemente abrir todas las puertas y ventanas para que entre aire fresco.

Una vez que su casa esté limpia, puede establecer sus intenciones escribiéndolas en un papel o creando un tablero de visiones. Por último, limpie su cuerpo y su mente dándose un baño de sales, bebiendo mucha agua y meditando. Realizar este ritual al principio de cada mes le ayudará a mantener su energía limpia y alineada con su yo más elevado.

3. Limpieza de eclipse solar

Un eclipse solar es un momento ideal para limpiar su campo energético, ya que el aumento de las energías puede ayudar a liberar cualquier pesadez o negatividad que pueda estar arrastrando. Hay muchas formas diferentes de realizar una limpieza de eclipse solar. Un método sencillo es tomar un baño de agua salada utilizando sales de

Epsom o sal marina. También puede añadir unas gotas de aceite de lavanda para ayudar a promover la relajación y la paz.

Mientras se da el baño, imagine que el agua se lleva cualquier energía no deseada, dejándole una sensación de frescor y rejuvenecimiento. Cuando termine, asegúrese de beber mucha agua para ayudar a eliminar cualquier toxina de su sistema. Los rituales de limpieza regulares como este pueden ayudar a garantizar que su campo energético esté despejado y fluya libremente.

4. Limpieza de eclipse lunar

Un eclipse lunar es otro momento poderoso para limpiar su campo energético. Esto se puede hacer de forma similar a una limpieza de eclipse solar - pero con algunos ajustes para adaptarse a las energías de la luna. Por ejemplo, puede añadir a sus baños algunas hierbas asociadas a la luna, como el jazmín o la manzanilla. También puede añadir unas gotas de aceite de piedra lunar al agua de su baño. Esta piedra es especialmente útil para liberar emociones y traumas del pasado. Al igual que con un eclipse solar, imagine que el agua lava cualquier energía negativa, dejándole una sensación de ligereza y luminosidad. Cuando haya terminado, asegúrese de beber mucha agua para ayudar a eliminar cualquier toxina de su sistema.

5. Limpieza de equinoccio

Con el cambio de estación, puede ser un buen momento para limpiar su cuerpo, mente y espíritu. Una forma de hacerlo es a través de un ritual de limpieza. Existen muchos tipos diferentes de rituales de limpieza, pero uno especialmente adecuado para los médiums es una limpieza de equinoccio. Este tipo de limpieza ayuda a realinear su energía con las energías cambiantes de la Tierra. Para realizarla, necesitará un cuenco de agua salada, una vela blanca y un trozo de cristal de cuarzo.

Comience encendiendo la vela y colocándola frente a usted. A continuación, sujete el cristal de cuarzo con la mano izquierda y sumérjalo en el agua salada. Mientras lo hace, visualice cómo se lava la negatividad de su vida. A continuación, respire profundamente y suéltelo lentamente. Repita este proceso tres veces. Por último, apague la vela y deje que el cristal de cuarzo se seque al aire. Mientras realiza este ritual de limpieza, debería sentir que su energía cambia y se alinea con los ritmos naturales de la Tierra.

6. Limpieza del solsticio

Diciembre es un mes lleno de fiestas y celebraciones. Para muchas personas, es el momento de reflexionar sobre el año pasado y establecer su intención para el año venidero. También es una época en la que el velo entre los mundos espiritual y físico es más fino. Por ello, diciembre es el momento ideal para que los médiums realicen un ritual de limpieza. La limpieza del solsticio es un ritual sencillo pero poderoso que puede ayudarle a despejar cualquier energía no deseada y prepararle para el año que comienza.

Para empezar, encienda una vela blanca y diga: "Libero todo lo que ya no me sirve. Doy la bienvenida solo a aquello que es para mi mayor bien". A continuación, respire profundamente unas cuantas veces e imagínese rodeada de luz blanca. Visualice que la luz limpia su aura de cualquier energía negativa. A continuación, sostenga cada uno de sus cristales en la llama de la vela durante unos segundos, diciendo: "Los limpio de toda negatividad". Por último, entierre sus cristales en la tierra durante la noche, liberando así cualquier resto de energía no deseada. Al realizar este ritual de limpieza, ayudará a crear un espacio para que la energía positiva fluya en su vida.

Rituales de destierro

Los rituales de destierro son una parte necesaria de ser médium. Como médium, está constantemente rodeado de espíritus buenos y malos. Es esencial mantener alejados a los malos espíritus para que no influyan en su trabajo ni dañen a los que le rodean. Hay muchos rituales de destierro diferentes que puede utilizar, pero lo más importante es que se sienta cómodo con el ritual y que funcione para usted. Algunas personas prefieren utilizar sal o agua bendita, mientras que otras recurren a rituales más elaborados que implican velas y conjuros. En última instancia, la elección depende de usted. Solo recuerde que los rituales de destierro son vitales para ser un médium responsable.

1. Ritual de destierro para la energía negativa

Existen ciertos rituales de destierro que puede realizar para limpiar su espacio y deshacerse de cualquier energía no deseada. Un método sencillo pero eficaz es emborronar su casa con salvia. Esto ayudará a limpiar el aire y a crear una vibración más positiva. También puede probar a utilizar cristales como la selenita o la turmalina negra para absorber la energía negativa. Si se encuentra regularmente rodeado de influencias negativas, puede que sea el momento de tomarse un descanso de la mediumnidad y centrarse en elevar su vibración. Al hacer esto, estará mejor equipado para manejar cualquier negatividad que se le presente.

2. Ritual de destierro para una maldición o maleficio

Suponga que sospecha que usted o alguien que conoce ha sido maldecido o embrujado por un espíritu malicioso. En ese caso, puede tomar medidas para desterrar la energía negativa y protegerse de males mayores. En primer lugar, comprenda que las maldiciones y los maleficios son una parte muy real del mundo espiritual y no deben tomarse a la ligera. Si cree que puede haber sido víctima de una maldición, primero debe buscar la ayuda de un médium o vidente que pueda evaluar la situación e identificar la fuente de la maldición.

Una vez identificada la fuente, la médium trabajará con usted para realizar un ritual de destierro. Este suele consistir en limpiar la zona con humo de salvia o agua bendita y, a continuación, utilizar poderosas técnicas de visualización para expulsar la energía negativa. Con la ayuda de una médium experta, desterrar maldiciones y maleficios es relativamente sencillo, pero siempre es mejor ser precavido y tomar precauciones para protegerse de estas fuerzas oscuras.

3. Ritual de destierro para fantasmas, espíritus y entidades

Suponga que trata regularmente con fantasmas, espíritus o entidades. En ese caso, es fundamental disponer de un ritual de destierro fiable que pueda utilizar para alejarlos. Este ritual debe realizarse siempre que sienta que le sigue o le vigila una presencia no deseada. Para empezar, encienda una vela blanca y diga: "Te destierro de este espacio. No eres bienvenido aquí". A continuación, trace con los dedos un círculo alrededor de la vela tres veces en el sentido de las agujas del reloj. Mientras lo hace, visualice que se forma una barrera protectora a su alrededor. Por último, apague la vela y diga "Te libero de este espacio. Eres libre de irte". Este ritual de destierro limpiará su espacio y le protegerá de cualquier entidad no deseada.

Los rituales de limpieza y destierro son una parte necesaria de ser médium. Estos rituales también crearán una vibración más positiva en su espacio, beneficiándole a usted y a los que le rodean. Este capítulo le ha proporcionado una visión general de algunos rituales básicos de limpieza y destierro que puede utilizar para protegerse. Recuerde que lo más importante es encontrar un método que funcione para usted y con el que se sienta cómodo. Con la ayuda de estos rituales de limpieza y destierro, podrá mantenerse a salvo y protegido de cualquier influencia negativa.

Capítulo 9: El poder de la adivinación

La adivinación es una práctica antigua que se ha utilizado durante siglos para obtener perspicacia y conocimiento. Se ha utilizado para todo, desde la adivinación y la predicción de la suerte hasta la comunicación con los espíritus y la obtención de guía espiritual. Aunque se desconocen los orígenes exactos de la adivinación, se cree que se remonta al menos a los primeros egipcios, que utilizaban espejos de obsidiana pulida para adivinar.

El escrutinio es una práctica antigua que se ha utilizado durante siglos para obtener perspicacia y conocimiento

https://www.pexels.com/photo/crop-soothsayer-predicting-fate-with-magic-ball-at-home-4790577/

Hoy en día, muchas personas en todo el mundo siguen practicando la adivinación, que creen en su poder para ofrecer percepciones y conocimientos que pueden ser difíciles de obtener por otros medios. Tanto si busca respuestas a las grandes preguntas de la vida como si simplemente busca la guía de su yo superior, puede que merezca la pena intentarlo. Este capítulo le enseñará todo lo que necesita saber sobre la prestidigitación, desde los distintos tipos hasta cómo interpretar sus visiones.

Definición de Adivinación

La prestidigitación es una práctica que se ha utilizado durante siglos para adivinar y predecir el futuro. La palabra "scrying" procede del inglés antiguo "descry", que significa "revelar". La adivinación se suele realizar mirando una bola de cristal, un espejo, un cuenco de agua o cualquier otra superficie reflectante. Al contemplar la superficie, es posible que aparezcan imágenes ante sus ojos. Estas imágenes pueden interpretarse de muchas maneras, dependiendo de la persona que realice la adivinación.

Algunas personas creen que las imágenes son premoniciones de acontecimientos futuros, mientras que otras creen que son símbolos que deben interpretarse. La adivinación es una práctica profundamente personal, y no hay una forma correcta o incorrecta de hacerla. Tanto si utiliza un método tradicional como la observación de la bola de cristal o algo más singular como la lectura de las hojas de té, lo importante es relajarse y dejar que su mente se abra a cualquier mensaje que pueda llegarle.

Hay muchas formas diferentes de hacer la búsqueda y cada persona puede tener sus preferencias. Algunos métodos comunes incluyen el uso de una bola de cristal, un charco de agua, un espejo o una llama. Al realizar la adivinación, es importante entrar en un estado mental relajado para permitir que lleguen los mensajes del otro lado. Una vez que haya entrado en un estado meditativo, puede empezar a centrarse en su pregunta o intención. La respuesta puede llegar en forma de símbolos, imágenes o palabras. La adivinación puede ser una forma eficaz de recibir orientación del otro lado y conectar con su intuición. Con la práctica, cualquiera puede aprender a freír.

Prestidigitación con bola de cristal

La adivinación es un arte antiguo que consiste en mirar una superficie reflectante para inducir un estado de trance. Las bolas de cristal se han utilizado para la adivinación al menos desde el siglo XVI y siguen siendo populares entre los practicantes modernos. Existen varias formas de utilizar una bola de cristal para adivinar. Un método consiste simplemente en mirar dentro de la bola y dejar que su mente divague. Otra forma consiste en formular una pregunta y esperar a que aparezca una imagen o un símbolo en la bola. A algunas personas también les gusta encender velas o incienso y crear una atmósfera relajante antes de realizar la adivinación. Sea cual sea el método que elija, recuerde que lo más importante es relajarse y dejarse guiar por su intuición.

Ventajas y desventajas

El escrutinio es una de las formas más antiguas y populares de adivinación, con raíces en culturas antiguas como Egipto, Grecia y China. El método puede utilizarse con fines de navegación, para encontrar objetos perdidos o incluso para comunicarse con los espíritus. Aunque muchas personas creen que el scrying es una herramienta poderosa para conocer el futuro, esta forma de adivinación también tiene algunas desventajas. Una de las desventajas es que puede resultar difícil interpretar las imágenes que se ven en la bola de cristal. Esto significa que la adivinación a veces puede resultar más frustrante que útil. Además, como la adivinación requiere mucha concentración, puede ser agotadora tanto para el cuerpo como para la mente. Por estas razones, es importante sopesar los pros y los contras de la prestidigitación antes de decidirse a probarla.

Instrucciones paso a paso

Si nunca antes ha probado la técnica del escrutinio, puede parecer una tarea desalentadora. Sin embargo, con un poco de práctica, cualquiera puede aprender.

1. Encuentre un lugar tranquilo y cómodo donde no le interrumpan. Asegúrese de que la zona está bien iluminada para poder ver la bola de cristal.
2. Siéntese en una postura cómoda y sostenga la bola de cristal entre las manos. Cierre los ojos y respire profundamente unas cuantas veces.
3. Cuando esté preparado, abra los ojos y contemple la bola de cristal. Deje que su mente divague y vea qué imágenes aparecen.

4. Si tiene alguna pregunta a la que le gustaría encontrar respuesta, concéntrese en ella mientras mira dentro de la bola.
5. Una vez que haya terminado de escrutar, reflexione sobre lo que vio durante unos instantes. Anote cualquier impresión o imagen que haya visto en un diario para futuras consultas.

Adivinación con fuego

La adivinación con fuego es una técnica que se ha utilizado durante siglos como medio de adivinación y adivinación. La adivinación con fuego utiliza el fuego como punto focal. El acto de escrutar consiste en mirar fijamente a un fuego para inducir un estado de trance, durante el cual se pueden recibir visiones y mensajes. Puede ser una forma eficaz de recibir orientación de su yo superior o de sus guías espirituales. Es un método sencillo pero poderoso para aprovechar su intuición y acceder a conocimientos ocultos. Pruébelo la próxima vez que necesite claridad u orientación.

Ventajas y desventajas

Muchas personas consideran que la adivinación con fuego es una forma eficaz de obtener claridad y conocimientos sobre sus vidas. Sin embargo, esta práctica también presenta algunos inconvenientes potenciales. Una de las desventajas de la prestidigitación con fuego es que puede resultar muy dura para los ojos, por lo que es fundamental hacer descansos frecuentes para evitar la fatiga visual. Además, algunas personas consideran que el parpadeo de las llamas les distrae o incluso les inquieta. Por último, dado que la adivinación con fuego requiere una concentración tan intensa, es importante estar en un lugar tranquilo y seguro donde no le interrumpan. A pesar de estos posibles inconvenientes, este tipo puede ser una herramienta poderosa para quienes sepan utilizarla con eficacia.

Instrucciones paso a paso

Si nunca ha probado la adivinación con fuego, aquí tiene unas sencillas instrucciones para empezar.

1. Encuentre un lugar tranquilo y seguro donde pueda encender un pequeño fuego. También necesitará un cuenco o caldero de metal para colocar el fuego.
2. Una vez que tenga todo lo que necesita, encienda un pequeño fuego en el cuenco o caldero. Deje que las llamas ardan durante unos minutos hasta que se estabilicen.

3. Siéntese frente al fuego y contemple las llamas. Relaje la mente y el cuerpo y deje que sus pensamientos fluyan libremente.
4. Al cabo de unos minutos, es posible que empiece a ver imágenes o a recibir mensajes en forma de impresiones mentales. Anote las impresiones que reciba en un diario para poder consultarlas en el futuro.

Adivinación con agua

La adivinación con agua es una práctica muy antigua. También conocida como observación de cristales, consiste en mirar fijamente un cuenco de agua para revelar mensajes o visiones ocultas. Aunque la práctica pueda parecer sencilla, requiere atención y concentración para funcionar. Mucha gente cree que la adivinación con agua es una poderosa herramienta de adivinación y se ha utilizado durante siglos para ayudar a la gente a tomar decisiones importantes. Si está interesado en probar la adivinación con agua, todo lo que necesita es un cuenco con agua limpia y un lugar tranquilo para concentrarse. Puede que no vea nada de inmediato, pero con paciencia y práctica, puede que se sorprenda de lo que puede ver.

Ventajas y desventajas

La adivinación con agua es una forma de adivinación que consiste en mirar dentro de un cuenco de agua para obtener información sobre el futuro. Algunas personas creen que la adivinación con agua es más precisa que otras formas de adivinación porque el agua es un elemento natural que está conectado con toda la vida. Otros sostienen que la adivinación en el agua no es más precisa que cualquier otra forma de adivinación. Aunque no hay pruebas científicas que respalden ninguna de las dos afirmaciones, la adivinación con agua puede ser una forma divertida e interesante de obtener información sobre el futuro.

La adivinación con agua puede ser una forma divertida de pasar el tiempo y obtener alguna visión del futuro. Sin embargo, recuerde que no debe tomárselo demasiado en serio. Como todas las formas de adivinación, debe considerarse un entretenimiento más que una fuente de información verdadera sobre el futuro.

Instrucciones paso a paso

Se pueden utilizar varias técnicas diferentes para adivinar con el agua. Si está interesado en probar la adivinación acuática, necesitará un cuenco con agua limpia y un lugar tranquilo para concentrarse.

1. Llene un cuenco con agua limpia y colóquelo frente a usted. Puede añadir una gota de colorante alimentario al agua para facilitar la visión.
2. Siéntese frente al cuenco y fije la mirada en el agua. Relaje la mente y el cuerpo y deje que sus pensamientos fluyan libremente.
3. Al cabo de unos minutos, es posible que empiece a ver imágenes o a recibir mensajes en forma de impresiones mentales. Anote las impresiones que reciba en un diario para poder consultarlas en el futuro.

Adivinación con espejos

La adivinación con espejos es un tipo de adivinación que consiste en mirarse en una superficie reflectante para obtener información sobre el futuro. Aunque se puede utilizar cualquier tipo de espejo para la adivinación, muchas personas prefieren utilizar espejos negros, ya que creen que pueden captar y reflejar mejor la energía. Al practicarlo, es posible que vea aparecer imágenes en la superficie del espejo. Estas imágenes pueden simbolizar cualquier cosa, desde acontecimientos futuros hasta mensajes de su mente subconsciente. Con la práctica, aprenderá a interpretar estas imágenes y a utilizarlas para obtener información sobre su vida.

Ventajas y desventajas

Aunque son muchos los beneficios potenciales de esta práctica, también hay algunas desventajas que deben tenerse en cuenta. Una de las principales ventajas de la prestidigitación con espejos es que puede realizarse con muy poco equipo. Todo lo que necesita es un espejo y un lugar tranquilo en el que centrar su atención. Esto lo convierte en un método de adivinación ideal para las personas que están empezando o que no tienen acceso a herramientas más especializadas. Además, puede utilizarse para diversos fines, desde obtener autoconocimiento hasta asomarse a la vida de otras personas. Sin embargo, también hay que tener en cuenta algunas desventajas.

Una desventaja potencial es que mirarse en un espejo durante periodos prolongados puede ser agotador para los ojos. Es importante hacer pausas y descansar los ojos si empieza a sentir molestias. Además, algunas personas descubren que se centran demasiado en su reflejo durante las sesiones de escrutinio en el espejo, lo que puede impedirles ver el panorama general. Si se siente demasiado atrapado por su imagen, puede resultarle útil utilizar un paño negro o de color oscuro para cubrir el espejo hasta que esté listo para finalizar la sesión.

En general, la adivinación a través del espejo es una forma versátil y eficaz de adivinación que puede aportar valiosas percepciones. Sin embargo, como con cualquier tipo de adivinación, es importante abordarla con precaución y una mente abierta.

Instrucciones paso a paso

Si está interesado en probar la adivinación por espejo por sí mismo, todo lo que necesita es un espejo y un lugar tranquilo para concentrarse. Para empezar, siga estos sencillos pasos:

1. Encuentre un espejo que sea lo suficientemente grande como para que pueda mirarse cómodamente en él. A menudo se utiliza un espejo negro para este propósito, pero cualquier tipo de espejo funcionará.
2. Coloque el espejo frente a usted y siéntese. Relaje la mente y el cuerpo, y deje que sus pensamientos fluyan libremente.
3. Al cabo de unos minutos, es posible que vea aparecer imágenes en la superficie del espejo. Estas imágenes pueden simbolizar cualquier cosa, desde acontecimientos futuros hasta mensajes de su mente subconsciente. Anote cualquier percepción que reciba en un diario para poder consultarla en el futuro.

Adivinación con tinta

La adivinación con tinta es una forma de adivinación que consiste en observar los patrones de las manchas de tinta, café o té. Al mirar la tinta, puede empezar a ver formas y patrones que se forman. Estas formas pueden interpretarse de varias maneras, dependiendo de su aspecto y colocación en el papel. Por ejemplo, una forma que parezca un corazón puede simbolizar el amor, mientras que un círculo puede representar la unidad o la plenitud. Al interpretar las formas que ve, puede obtener información sobre su pasado, presente y futuro. La adivinación con tinta es una forma sencilla pero eficaz de conectar con su subconsciente y descubrir verdades ocultas.

Ventajas y desventajas

La adivinación con tinta es una forma de adivinación relativamente sencilla y barata. Todo lo que necesita es un trozo de papel, tinta, café o té. Además, este método puede utilizarse para diversos fines, desde obtener autoconocimiento hasta predecir el futuro. Sin embargo, hay que tener en cuenta algunos inconvenientes. Un posible inconveniente es que puede resultar difícil interpretar las formas que se ven. Si no tiene experiencia con este método, es fácil confundir una forma con otra.

Además, algunas personas descubren que se centran demasiado en los patrones que ven, lo que puede impedirles ver el panorama general. Si se encuentra a sí mismo demasiado atrapado en la tinta, puede ser útil tomarse un descanso y volver a ella más tarde. En general, el escrutinio con tinta es una forma de adivinación sencilla pero poderosa que puede aportar valiosas percepciones. Sin embargo, como con cualquier tipo de adivinación, es importante abordarla con precaución y una mente abierta.

Instrucciones paso a paso

Si está interesado en probar la adivinación con tinta, todo lo que necesita es un trozo de papel, un poco de tinta, café o té. Para empezar, siga estos sencillos pasos:

1. Encuentre un lugar tranquilo para trabajar donde no le molesten.
2. Vierta un poco de tinta, café o té en un plato o fuente poco profunda.
3. Sumerja el dedo en el líquido y utilícelo para dibujar formas o patrones en un trozo de papel.
4. Mientras observa las formas que ha creado, deje que su mente divague y vea qué imágenes o mensajes le vienen.
5. Anote cualquier percepción que reciba en un diario para futuras consultas.

Adivinación con humo

La adivinación con humo es un tipo de adivinación que consiste en observar los patrones formados por el humo. Puede realizarse con cualquier tipo de humo, pero el incienso es el más utilizado. Es posible que vea imágenes, símbolos o mensajes en el humo. Permita que lo que le llegue lo haga sin juzgarlo ni analizarlo. La adivinación con humo es una forma sencilla pero poderosa de conectar con su intuición y recibir orientación del mundo de los espíritus.

Ventajas y desventajas

Muchas culturas tienen sus métodos de adivinación con humo y esta práctica se ha utilizado durante siglos para ayudar a la gente a tomar decisiones importantes. La adivinación con humo tiene sus pros y sus contras, y es fundamental sopesarlos antes de decidir si esta forma de adivinación es adecuada para usted.

Una de las mayores ventajas de la adivinación con humo es que puede realizarse prácticamente en cualquier lugar. Todo lo que necesita es un fuego y algún tipo de material para fumar (como hierbas). Esto la convierte en una forma de adivinación muy cómoda para las personas que siempre están en movimiento. Además, puede ser una experiencia muy personal. Puesto que usted mismo interpreta el humo, no hay necesidad de confiar en la opinión o interpretación de otra persona. Sin embargo, también tiene algunas desventajas.

Una desventaja es que puede resultar difícil interpretar correctamente el humo. Esta forma de adivinación requiere mucha práctica y experiencia para ser precisa. Además, como interpretar el humo es una experiencia tan personal, es fácil dejar que sus prejuicios influyan en sus lecturas. En general, la adivinación con humo es una forma única e interesante de adivinación con pros y contras. Téngalos en cuenta antes de decidir si es o no adecuada para usted.

Instrucciones paso a paso

Si está interesado en probar la adivinación con humo, todo lo que necesita es un fuego y algún tipo de material para fumar (como incienso o hierbas). Para empezar, siga estos sencillos pasos:

1. Encuentre un lugar tranquilo donde no le molesten.
2. Encienda un fuego en un lugar seguro.
3. Añada su material para fumar al fuego.
4. Observe los patrones formados por el humo.
5. Deje que su mente divague y vea qué imágenes o mensajes le vienen.
6. Anote las percepciones que reciba en un diario para consultarlas en el futuro.

En general, la adivinación es una herramienta poderosa que puede utilizarse para la adivinación y el autodescubrimiento. Existen muchos métodos diferentes, cada uno con sus ventajas y desventajas. Este capítulo ofrece un breve resumen de algunos de los más populares. Experimente con diferentes técnicas y encuentre la que mejor funcione para usted. Recuerde acercarse a la prestidigitación con la mente abierta y dejar que la información que le llegue fluya sin juzgarla ni analizarla. Con la práctica, podrá utilizar la prestidigitación para obtener información valiosa sobre sí mismo y su vida.

Capítulo 10: Métodos avanzados de comunicación con el mundo de los espíritus

Comunicarse con el mundo de los espíritus puede ser una experiencia muy gratificante. Puede proporcionarle un cierre, respuestas a preguntas candentes o simplemente darle una sensación de conexión con algo más grande que usted mismo. En este capítulo exploraremos algunos de los métodos más avanzados de comunicación con el mundo de los espíritus. Estos métodos incluyen el uso de un péndulo, una tabla ouija, las cartas del tarot y la escritura automática. Al final de este capítulo, debería comprender cómo utilizar cada uno de estos métodos y los pros y los contras asociados a cada uno de ellos.

Comunicarse con el mundo de los espíritus puede proporcionarle un cierre, respuestas a preguntas candentes o simplemente darle una sensación de conexión con algo más grande que usted mismo
https://www.pexels.com/photo/hands-holding-the-crystal-ball-on-the-wooden-table-6806746/

Utilizar un péndulo para la comunicación con los espíritus

Un péndulo es una pesa, normalmente de cristal, que cuelga de una cuerda o cadena. Utilizar uno para la comunicación con los espíritus es una práctica que se remonta a siglos atrás. Se cree que el péndulo puede acceder a la mente subconsciente y conectar con el reino espiritual. Los péndulos se utilizan a menudo para la adivinación y las lecturas psíquicas. Muchas personas creen que un péndulo puede utilizarse para comunicarse con los muertos.

1. Cómo utilizar un péndulo

Hay algunas formas diferentes de utilizar un péndulo para la comunicación con los espíritus. Una forma es hacer preguntas de sí o no. El péndulo oscilará en una dirección determinada para indicar la respuesta. Otra forma es sostener el péndulo sobre una hoja de papel con diferentes símbolos o palabras. El péndulo oscilará hacia el símbolo o la palabra con la que esté relacionado.

Si es la primera vez que utiliza un péndulo, lo mejor es empezar con preguntas sencillas. También puede pedirle a otra persona que sostenga el péndulo mientras usted hace las preguntas. Esto le ayudará a eliminar cualquier prejuicio por su parte. Una vez que se sienta cómodo utilizando el péndulo, puede experimentar con preguntas más complejas. Recuerde que no hay respuestas erróneas cuando se está en comunión con los espíritus. Disfrute del proceso y vea qué sabiduría tienen que compartir con usted.

2. Ventajas y Desventajas de utilizar un péndulo

Utilizar un péndulo para la comunicación con los espíritus tiene pros y contras. Un pro es que puede utilizarlo cualquier persona, independientemente de su nivel de experiencia. Otro es que no requiere ningún equipo o herramienta especial. Todo lo que necesita es un péndulo y algo con lo que escribir. El uso del péndulo no está exento de detractores. Algunas personas creen que el péndulo puede verse influido por los pensamientos y sentimientos del usuario, lo que lo hace poco fiable como método de comunicación. Otros creen que el péndulo puede utilizarse para comunicarse con entidades no humanas, como demonios y otras fuerzas oscuras. A pesar de estas preocupaciones, muchas personas consideran que el péndulo es una herramienta útil para la comunicación con los espíritus y continúan utilizándolo.

3. Consejos para utilizar un péndulo

Si decide utilizar un péndulo para la comunicación con los espíritus, debe tener en cuenta algunas cosas.

- Esté en un estado mental relajado. Esto le ayudará a despejar su mente y permitirá que el péndulo oscile libremente.
- Sujete el péndulo sobre su mano dominante. Esta mano debe estar apoyada con la palma hacia arriba sobre una superficie plana.
- Formule su pregunta en voz alta. Esto le ayudará a centrar sus pensamientos y permitirá que el péndulo encuentre la respuesta más fácilmente.
- Tenga paciencia. Puede que el péndulo no oscile inmediatamente. Dele unos instantes para que encuentre la respuesta.
- Esté abierto a cualquier respuesta que le dé el péndulo. Recuerde que no hay respuestas erróneas cuando se está en comunión con los muertos.

Utilización de un tablero ouija para la comunicación con los espíritus

Un tablero de ouija es un tablero marcado con las letras del alfabeto, los números del 0 al 9 y las palabras "sí", "no" y "hola". El tablero se utiliza junto con una plancheta, una pequeña pieza de madera o plástico con forma de corazón que sirve para señalar las diferentes letras y símbolos del tablero. Muchas personas creen que el tablero ouija puede utilizarse para comunicarse con los muertos.

1. Cómo utilizar un tablero ouija

Utilizar un tablero ouija es relativamente sencillo. En primer lugar, debe reunir a un grupo de personas. Dos es el mínimo, pero pueden ser más si se desea. A continuación, tendrán que sentarse alrededor del tablero y colocar los dedos en la plancheta. Una vez que todos estén listos, una persona formulará una pregunta en voz alta. La plancheta comenzará entonces a moverse alrededor del tablero, deletreando la respuesta a la pregunta.

2. Ventajas y desventajas de utilizar un tablero ouija

Como cualquier método de comunicación con los espíritus, utilizar una tabla ouija tiene sus pros y sus contras. Un pro es que puede ser una actividad divertida para hacer con amigos o familiares. También puede conectar con seres queridos que ya han fallecido. Otro pro es que es relativamente fácil de utilizar y no requiere habilidades o conocimientos especiales.

También hay algunos contras. Uno es que puede ser peligroso si no se utiliza correctamente. Ha habido informes de personas que han quedado poseídas después de utilizar un tablero de ouija, por lo que es crucial tener precaución. Otro contra es que las respuestas que recibe no siempre son exactas. Esto se debe a que la plancheta puede verse influida por fuerzas externas, como el viento o las corrientes de aire.

3. Consejos para utilizar una ouija

Si decide utilizar una tabla ouija, debe tener en cuenta algunas cosas.

- Sea respetuoso con los muertos. Esto significa no hacer preguntas que puedan molestarles o provocar que quieran hacerle daño.
- Sea consciente de su entorno. Asegúrese de que no haya corrientes de aire o viento que puedan mover la plancheta.

- No utilice la plancheta solo. Acompáñese siempre de al menos otra persona.
- No tome las respuestas que reciba al pie de la letra. Recuerde que pueden no ser exactas.

Uso de las cartas del tarot para la comunicación con los espíritus

Las cartas del tarot son cartas que se utilizan para la adivinación. La baraja se compone de 78 cartas, que se dividen en dos grupos: los Arcanos Mayores y los Arcanos Menores. Los Arcanos Mayores constan de 22 cartas que representan acontecimientos o transiciones importantes de la vida. Los Arcanos Menores constan de 56 cartas que representan retos y experiencias cotidianas.

1. Cómo utilizar las cartas del tarot para la comunicación con los espíritus

Las cartas del tarot se han utilizado durante siglos como herramienta de adivinación, pero también pueden emplearse para la comunicación con los espíritus. Para utilizar las cartas del tarot para la comunicación con los espíritus, empiece meditando y luego formule su pregunta en voz alta. A continuación, baraje la baraja y disponga las cartas en una tirada. Una vez colocadas las cartas, concéntrese en cada una de ellas individualmente y formule de nuevo su pregunta. Mientras lo hace, preste atención a cualquier pensamiento, sentimiento o imagen que le venga a la mente. Pueden ser mensajes de su guía espiritual o de otros espíritus. Si no está segura de lo que significa un mensaje, intente buscar el simbolismo de la carta en un libro o en Internet. Con un poco de práctica, podrá utilizar las cartas del tarot para la comunicación con los espíritus.

2. Ventajas y desventajas del uso de las cartas del tarot

Muchas personas creen que las cartas del tarot pueden utilizarse como herramienta para la comunicación con los espíritus. Hay varias maneras diferentes de utilizar las cartas para este fin. Mientras que algunas personas consideran que las lecturas de las cartas del tarot son precisas y útiles, otras se muestran escépticas sobre su capacidad para conectar con los espíritus. He aquí algunos pros y contras del uso de las cartas del tarot para la comunicación con los espíritus:

Ventajas:

- Las lecturas de las cartas del tarot pueden ser muy precisas. Los lectores experimentados a menudo pueden interpretar los mensajes de las cartas con mucha claridad.
- Las lecturas pueden proporcionar orientación y perspicacia para tomar decisiones importantes. Al conectar con los espíritus, los lectores de tarot pueden recibir una orientación que puede no estar disponible a través de otros medios.
- Estas lecturas pueden ser divertidas. Incluso si no cree en su capacidad para conectar con los espíritus, las lecturas del tarot pueden ser una forma divertida de pasar el tiempo.

Desventajas:

- Algunas personas creen que las lecturas de las cartas del tarot son inexactas y engañosas. No hay garantía de que los mensajes que reciba de una lectura de tarot sean precisos o útiles.
- Pueden resultar caras. Si contrata a un lector profesional, es posible que tenga que pagar bastante dinero por sus servicios.
- Las lecturas pueden ser intimidantes. Si no está familiarizado con el proceso, puede ser difícil saber qué esperar al acudir a una.

3. Consejos para utilizar las cartas del tarot

Si decide utilizar las cartas del tarot para la comunicación con los espíritus, debe tener en cuenta algunas cosas.

- Asegúrese de que trabaja con un lector de confianza. Hay muchos charlatanes por ahí que intentarán aprovecharse de la gente.
- Tenga claro lo que quiere conseguir de la lectura. Antes de empezar, tómese un tiempo para pensar qué espera obtener de la experiencia. Esto le ayudará a centrar sus preguntas y a sacar el máximo partido de la lectura.
- Esté abierto a los mensajes que reciba. No intente forzar un resultado concreto de la lectura. En lugar de ello, deje que los mensajes le lleguen y confíe en que son orientaciones de su guía espiritual o de otros espíritus.

Escritura automática

La escritura automática es una práctica espiritual que puede utilizarse para comunicarse con el otro lado. Es una forma de canalización en la que el escritor entrega su mano a un poder superior y permite que ese poder superior escriba a través de él. Este proceso puede realizarse con un bolígrafo y papel o incluso con el dedo si utiliza una tableta o un smartphone. Lo vital es despejar la mente y dejar que las palabras fluyan. No hay que preocuparse por la ortografía o la gramática, ya que el mensaje llegará a pesar de todo. Puede que al principio las palabras le lleguen con lentitud, pero con la práctica será capaz de recibir mensajes claros de sus guías y seres queridos que ya no están.

1. Cómo realizar la escritura automática

La escritura automática es un proceso sencillo que cualquiera puede realizar. Puede ser una forma poderosa de recibir mensajes del otro lado. Para empezar, busque un lugar tranquilo donde no le interrumpan. Siéntese con un bolígrafo y papel, y relaje su mente. Una vez que se sienta tranquilo, deje que su mano se mueva libremente por la página. Mientras escribe, confíe en que las palabras que recibe proceden del mundo espiritual. Puede que los mensajes no tengan sentido al principio, pero si sigue escribiendo, empezarán a formar pensamientos cohesionados. Si mantiene una mente abierta, la escritura automática puede ser una herramienta poderosa para la comunicación con los espíritus.

2. Ventajas y desventajas de la escritura automática

La escritura automática tiene muchas ventajas. Por un lado, es una forma estupenda de recibir mensajes de seres queridos fallecidos. También puede utilizarse para comunicarse con guías y ángeles. Si busca orientación sobre un tema concreto, la escritura automática puede ayudarle a recibir claridad.

La escritura automática también tiene algunos desventajas. Puede resultar bastante perturbadora si no está mental o emocionalmente preparado para recibir mensajes del otro lado. Además, si no está acostumbrado a canalizar energía, puede resultar fácil fatigarse. Reservar tiempo para relajarse antes y después de la sesión es crucial. En general, se trata de una herramienta poderosa que puede utilizarse para bien o para mal, dependiendo de la intención del usuario. Utilícela sabiamente y le será de gran utilidad.

3. Consejos para la escritura automática

He aquí algunos consejos que le ayudarán a sacar el máximo partido de sus experiencias de escritura automática:

- Relájese y despeje la mente antes de empezar. Cuanto más relajado esté, más fácil le resultará recibir los mensajes.
- Establezca una intención para su sesión. ¿Qué espera conseguir? Téngalo presente mientras escribe.
- Tenga paciencia. Puede que los mensajes no lleguen inmediatamente, pero si sigue escribiendo, llegarán.
- Esté abierto a lo que le llegue. Puede que no siempre entienda el mensaje, pero confíe en que procede de un poder superior.
- Tómese los descansos que necesite. Si se siente cansado o frustrado, tómese un descanso y vuelva más tarde.
- Lleve un diario de sus experiencias. Será un valioso recurso al que echar la vista atrás más adelante.

Estas son solo algunas de las muchas formas en que puede comunicarse con el otro lado. Experimente y encuentre el método que mejor funcione para usted. Acérquese siempre a estas experiencias con la mente y el corazón abiertos, y confíe en que los mensajes que reciba sean para su mayor bien. Este capítulo ha proporcionado algunos consejos e información de fondo sobre diversos métodos de mediumnidad. A partir de aquí, depende de usted explorar y encontrar los que mejor funcionen para usted. Así que ¡adelante y comuníquese con el otro lado!

Conclusión

Ahora que ha leído toda la información sobre la mediumnidad, ¡es hora de ponerlo todo en común y empezar a practicar! Recuerde que lo más importante es relajarse y abrirse a la experiencia. ¡Se sorprenderá de lo que puede hacer con un poco de práctica!

Esta guía fácil de seguir le ha proporcionado todas las herramientas que necesita para desarrollar sus habilidades como médium. Comenzó con una introducción a los fundamentos de la mediumnidad y su funcionamiento. Aprendió sobre los diferentes tipos de mediumnidad, así como sobre el cuerpo astral y el mundo de los espíritus. También aprendió algunas técnicas importantes para conectarse a tierra y prepararse antes de las lecturas, así como a reconocer la energía.

Después de eso, se sumergió de lleno, aprendiendo a desarrollar su habilidad de clarividencia. También descubrió la canalización de espíritus y cómo canalizar a sus guías espirituales. Por último, aprendió métodos avanzados de comunicación con el mundo de los espíritus, como la adivinación, la limpieza y la protección. La clave del éxito es relajarse y divertirse con ello.

Si quiere intentar canalizar a sus guías, empiece por hacer una investigación básica. Puede encontrar muchos recursos en Internet o en su biblioteca local. Una vez que comprenda bien los conceptos básicos, busque un lugar tranquilo para relajarse y concentrar sus pensamientos. Puede encender una vela o quemar un poco de incienso para ayudarle a relajarse y crear un espacio sagrado. A continuación, simplemente pida a sus guías que se acerquen y se comuniquen con usted. Puede que desee formular preguntas concretas o simplemente permitirles que hablen a través de usted. Confíe en su intuición y déjese llevar por lo que le parezca correcto.

La adivinación es otra forma estupenda de comunicarse con el mundo de los espíritus. Puede utilizar una bola de cristal, un cuenco de agua, un espejo o cualquier otra superficie brillante. Simplemente mire a la superficie y deje que su mente se relaje. Puede que vea imágenes o reciba mensajes de sus guías. No se preocupe si no ve ni oye nada de inmediato. Desarrollar sus habilidades como médium requiere práctica. Siga intentándolo y, con el tiempo, se sorprenderá de lo que puede hacer.

Aunque la mediumnidad es una gran forma de conectar con el mundo de los espíritus, protegerse de la energía negativa es crucial. Hay algunas cosas sencillas que puede hacer para protegerse. En primer lugar, límpiese siempre usted y su espacio antes de comenzar una sesión. Puede utilizar salvia, agua salada o cualquier otro método con el que se sienta cómodo. En segundo lugar, fije siempre su intención antes de empezar. Asegúrese de que solo trabaja con espíritus positivos y benévolos. Por último, confíe en su intuición. Si algo no le parece bien, deténgase y aléjese.

La mediumnidad es una forma estupenda de conectar con el mundo de los espíritus y recibir orientación de sus seres queridos. ¡Se sorprenderá de lo que puede hacer con un poco de práctica! Solo recuerde relajarse, dejarse llevar por su intuición y divertirse con ello.

Vea más libros escritos por Mari Silva

Su regalo gratuito

¡Gracias por descargar este libro! Si desea aprender más acerca de varios temas de espiritualidad, entonces únase a la comunidad de Mari Silva y obtenga el MP3 de meditación guiada para despertar su tercer ojo. Este MP3 de meditación guiada está diseñado para abrir y fortalecer el tercer ojo para que pueda experimentar un estado superior de conciencia.

https://livetolearn.lpages.co/mari-silva-third-eye-meditation-mp3-spanish/

Referencias

Aletheia. (2016, March 10). Scrying: How to practice the ancient art of second sight (with pictures). LonerWolf. https://lonerwolf.com/scrying/

Board of Directors. (2013, April 11). What is a medium? Eomega.org; Omega Institute. https://www.eomega.org/article/what-is-a-medium

Psychic mediums. (n.d.). Osu.edu. https://u.osu.edu/vanzandt/2018/03/08/psychic-mediums-2/

Smith, G. (2017). Mediumship: An introductory guide to developing spiritual awareness and intuition. Hay House UK.

Spiritualism and mediumship. (2019, August 29). Understanding Voices; Hearing the Voice. https://understandingvoices.com/exploring-voices/voices-and-spirituality/case-studies/spiritualism-and-mediumship/

Wahbeh, H., & Radin, D. (2018). People reporting experiences of mediumship have higher dissociation symptom scores than non-mediums but below thresholds for pathological dissociation. F1000Research, 6, 1416. https://doi.org/10.12688/f1000research.12019.3

Wigington, P. (2013, October 12). What Does Scrying Mean? Learn Religions. https://www.learnreligions.com/what-is-scrying-2561865

www.ingramcontent.com/pod-product-compliance
Lightning Source LLC
Chambersburg PA
CBHW072152200426
43209CB00052B/1153